Monika Gänsler
Gisela Heim
Sigrid Heinzmann
Barbara Huber
Susanne M. Jakubeit
Gudrun Kaenders
Sabine Kapeller
Gudrun Schmitt
Martina Schröder
Armin Täubner
Marion Vogel

Ideen für Terrasse & Balkon

Die schönsten Dekorationen durchs Jahr

INHALTSVERZEICHNIS

Ideen für Terrasse & Balkon

Hier finden Sie die schönsten Dekorationsideen für Balkon und Terrasse. Zu jeder Jahreszeit können Sie den Außenbereich mit geeigneten Materialien schmücken und zu etwas ganz Besonderem machen.

Im Frühling sorgen Gänse, Schmetterlinge und Blumen für die ersten Farbtupfer und der Osterhase und seine Freunde stimmen auf Ostern ein. Für die Sommerzeit dürfen Windlichter oder Tischdekos für die Gartenparty nicht fehlen. Die Herbstzeit ist geprägt von warmen Farben, Naturmaterialien und stimmungsvollen Lichtideen. Und im Winter können Sie Balkon und Terrasse mit leuchtenden Sternen, Laternen und weihnachtlichen Motiven schmücken.

Ob aus Holz, Tontöpfen, Dosen oder Naturmaterialien, die gezeigten Bastelvorschläge werden ausführlich erklärt und mit Vorlagen in Originalgröße ist das Nacharbeiten ganz leicht.

Nachbarn, Spaziergänger und natürlich auch Sie selbst werden viel Freude an den tollen Ideen für Terrasse und Balkon haben.

Holzarbeiten

IHRE GRUNDAUSSTATTUNG

Folgende Materialien und Werkzeuge benötigen Sie für fast jedes der hier im Buch gezeigten Holzmodelle. Alles Übrige finden Sie in der jeweiligen Materialliste.

- Schleifpapier, z. B. 80er und 120er Körnung
- Pauspapier, Schneider-Kopierpapier
- Transparentpapier
- Klebefilm
- Bleistift
- dünner Stift in Schwarz (wasserfest)
- matte Acrylfarbe
- Krakelier-Lack
- wetterfester Sprühlack in Farblos
- UHU Alleskleber Kraft
- Holzleim
- Heißklebepistole
- Laub- oder Dekupiersäge (mit Sägeblättern für Holz)
- breiter Borstenpinsel
- schmaler Pinsel
- evtl. Kreis- und Ellipsenschablone für die Augen
- Bohrer (Spiralbohrer), ø 1,5 mm, 2 mm, 2,5 mm, 3 mm, 4 mm und 8 mm
- Bohrmaschine oder Akkuschrauber
- evtl. Schraubzwinge
- Feile
- Seitenschneider
- spitze Rundzange
- Hammer

HINWEIS

- Als „Rest" wird ein Holzstück bezeichnet, das maximal A5 groß ist.

1

1 Pauspapier auf das Holz und darüber die Vorlage legen. Beides mit Klebefilm fixieren. Mit Bleistift alle Umrisse und Innenlinien des gewünschten Motivs nachziehen. Zusätzliche Einzelteile, wie z. B. die Nase des Schneemannes, mit etwas Abstand zum Grundmotiv auf das Holz übertragen. Dazu die Vorlage und ggf. das Pauspapier lösen und alles wieder etwas versetzt aufkleben.

2

2 Das Motiv mit einer Laub- oder Dekupiersäge sorgfältig aussägen. In den Ecken am besten ohne Druck arbeiten und das Holz ganz langsam drehen. Oder mit einem feinen Bohrer ein kleines Loch in die Ecken bohren, das Sägeblatt dort einführen und so die Ecken aussägen. Falls nötig Löcher bohren. Alle Kanten sorgfältig mit einer Feile und Schleifpapier glätten.

3

3 Die Holzteile mit Acrylfarbe bemalen und trocknen lassen. Für zarte, transparente Anstriche die Farbe stark mit Wasser verdünnen. Kräftige Farbakzente werden mit unverdünnter Farbe erzielt. Nach dem Trocknen können Augen und Innenlinien mit dünnem, wasserfestem Stift aufgemalt werden. Einzelne Teile mit UHU Alleskleber Kraft oder Heißkleber anbringen. Für den Außenbereich die Motive mit wetterfestem, transparentem Sprühlack schützen.

Kürbisse bearbeiten

1 Nach Vorlage die Gesichter auf Transparentpapier übertragen, ausschneiden und mit Klebefilm auf dem Kürbiskopf anordnen. Mit einem wasserfesten Filzstift die Umrisse der Gesichtszüge und den Kappenrand markieren. Eine weitere Möglichkeit des Übertragens ist das Vorritzen mit einer dicken Nadel oder einem Prägestift.

1

2 Mit einem scharfen Küchenmesser oder einem Skalpell den Deckel mit Stiel abschneiden. Kerne und Fruchtfleisch mit einem Löffel (Kürbisschnitzset) herausnehmen und den Kürbis aushöhlen. Die Wand sollte ringsum je nach Kürbisgröße ca. 1 cm bis 2 cm dick stehen bleiben.

2

3 Zum Schnitzen der Gesichter sind kleine Minisägen (Kürbis-Schnitzset) oder ein scharfes Messer hilfreich. Zum Ansetzen der Sägen kleine Löcher vorbohren. Beim Herausschneiden der Motive mit einer Hand von innen dagegen halten, da sonst leicht die Kürbiswand durch Druck reißen kann. Zum Schluss noch vorhandene Filzstiftspuren mit einem feuchten Tuch abreiben und eine kleine Kerze oder ein Teelicht in den Kürbis stellen. Mit einem Apfelausstecher einen Rauchabzug aus dem Deckel stechen, den Deckel anschließend aufsetzen.

3

4 Eine Alternative zum Herausschneiden ist das Herausschnitzen der Motive aus der Schale. Dazu wird das Motiv wie zuvor auf den Kürbis übertragen. Anschließend werden die markierten Stellen mit einem Hohlmesser (Linolwerkzeug) oder einem Julienmesser (Haushaltswaren) nachgeschnitten und aus der Schale gelöst. Die Schale wird entfernt, das Fruchtfleisch bleibt stehen.

4

IHRE GRUNDAUSSTATTUNG

Folgende Materialien und Werkzeuge erleichtern Ihnen das Arbeiten und sollten zur Grundausstattung Ihrer Werkstatt gehören, sie werden in den Materiallisten nicht gesondert erwähnt.

- scharfes Küchenmesser oder Skalpell
- Apfelausstecher
- Kürbis- und Linol-Schnitzset
- Bleistift und Radiergummi
- Transparentpapier, Pauspapier
- Klebefilm
- wasserfester Filzstift in Schwarz
- feuchtes Tuch

IHRE GRUNDAUSSTATTUNG
Diese Materialien und Hilfsmittel werden für die meisten der gezeigten Dosen-Objekte benötigt und daher in den einzelnen Materiallisten nicht nochmals aufgeführt:

- Safety-Dosenöffner
- Spülmittel
- Schmirgelpapier, 120er Körnung
- Metallfeile
- Verdünner
- Schaber für Keramik- und Glasflächen oder altes Messer
- Lappen, Schwamm, Wattestäbchen
- Transparentpapier
- Kohlepapier
- Lineal
- Bleistift
- Schere
- Zackenschere
- Cutter mit Schneideunterlage
- Seitenschneider
- Alleskleber
- Sekundenkleber
- Holzleim
- Pinsel in verschiedenen Größen
- Laub- oder Dekupiersäge
- Akkuschrauber oder Bohrmaschine mit Metall- und Holzbohrern in verschiedenen Durchmessern
- Schraubendreher
- Metallhaftgrund in Weiß
- wetterfester Klarlack
- wasserfeste Filzstifte in Schwarz und Weiß
- Buntstift in Rot

Kreativ mit Dosen

1 Um scharfe Kanten an Deckel und Dose zu vermeiden, die Dosen auf jeden Fall mit einem speziellen Safety-Dosenöffner öffnen. Nur bei Dosen, die mit einem Safety-Dosenöffner geöffnet wurden, lassen sich die Deckel auch wieder als Verschlüsse verwenden.
Zuerst die Dosen mit Spülmittel oder in der Spülmaschine reinigen. Die Papierbanderole abreißen, Reste können durch Einweichen in warmem Wasser entfernt werden. Klebstoffreste mit Verdünner gründlich entfernen. Hartnäckige Klebstoffreste mit einem Schaber für Keramik- und Glasflächen oder einem ausgedienten Messer abschaben.

Tipp: Die Dosen müssen unbedingt gut von Fett und Staub gereinigt werden, damit die Farben gut haften.

2 Löcher gemäß jeweiliger Anleitung und Vorlage mit einem Akkuschrauber oder der Bohrmaschine mit Metallbohrern bohren. Scharfe Kanten mit Schmirgelpapier oder einer Metallfeile glätten. Die Dose mit Schmirgelpapier leicht anschleifen und den Schleifstaub entfernen oder mit weißem Metallhaftgrund grundieren. Metallprägefolie vor dem Farbauftrag ebenfalls anschleifen oder grundieren. Den Haftgrund gut trocknen lassen.

Tipp: Wollen Sie Dosen in einer hellen Farbe bemalen, sollten Sie sie weiß grundieren, damit die Farben gut zur Geltung kommen.

3 Dose mit der gewünschten Acrylfarbe grundieren. Hier mit einem dicken Pinsel zügig und in eine Richtung arbeiten. Damit helle Farben gut decken diese ein zweites bzw. drittes Mal auftragen, dazwischen trocknen lassen. Die Farbe gut trocknen lassen.

4 Die Vorlage mit Bleistift auf Transparentpapier abpausen. Kohlepapier auf die Dose, das Holz, die Styropor- oder Holzkugel legen, die Vorlage darauf legen und die Linien mit einem Bleistift übertragen. Zum Übertragen der Vorlage auf Metallprägefolie diese auf einen weichen Untergrund, z. B. Moosgummi, legen. Die abgepauste Vorlage darauf legen und die Konturen mit Bleistift nachziehen. So werden diese durchgedrückt und das Motiv kann ausgeschnitten werden.

Tipp: Halten Sie das Kohlepapier nur leicht fest, da sonst Abdrücke entstehen.

5 Gesichter und feine Linien mit wasserfesten Filzstiften aufmalen. Zum Röten der Wangen einige Buntstiftspäne mithilfe eines Cutters von einem roten Buntstift abschaben, mit dem Zeigefinger aufnehmen und auf die Wangen reiben. Bei kleineren Motiven können die Buntstiftspäne mit einem Wattestäbchen aufgenommen und verrieben werden. Weiße Lichtpunkte in den Augen mit einem weißen, wasserfesten Filzstift oder bei großen Augen mit Acrylfarbe auftupfen. Für großflächige Bemalungen einen dickeren Pinsel verwenden.

6 Dosen für den Außenbereich müssen nach dem Trocknen mit einem wetterfesten Klarlack zum Sprühen oder Streichen überarbeitet werden. Den Lack auf gerötete Wangen aber nur tupfen, da diese sonst verwischen. Vorsicht beim Lackieren von Zubehörteilen wie z. B. Styroporköpfen, nicht jeder Lack eignet sich dafür!

7 Mit Schrauben und Muttern oder mit Aludraht können Dosen zusammengefügt werden. Dafür die vorgebohrte Dose an die zu befestigende zweite Dose halten und die Bohrungen von der Innenseite der ersten Dose mit einem Stift übertragen. Nun auch die zweite Dose bohren. Schrauben durch die Bohrungen stecken und Muttern dagegen schrauben. Bei Befestigung mit Draht diesen durchziehen und die Enden verdrehen. Vorsicht, dass die gebohrten Löcher nicht scharfkantig sind. Evtl. Arbeitshandschuhe zum Schutz anziehen.

Bei manchen Dosen wird zum besseren Halt eine Sperrholzscheibe unter den Dosenboden geklebt. Hierzu aus Sperrholz eine Scheibe mit einem ca. 5 mm kleineren Durchmesser als den der Dose aussägen. Wird auch ein Rundholzstab in der Scheibe angebracht, diese gemäß Anleitung mittig durchbohren und anschließend den Stab in die Bohrung leimen, dann die Scheibe unter den Deckelboden kleben.

Tipp: Am besten bohren Sie Löcher in Holzkugeln, indem Sie diese in einen Schraubstock spannen oder in einer Schraubzwinge festklemmen.

Tipps zum Kleben

- Dose auf Dose: Sekundenkleber
- Metallprägefolie auf Dose: Alleskleber
- Holz auf Metall: Holzleim
- Holz auf Holz: Holzleim
- Styropor auf Metall oder Holz: Alleskleber (ohne Lösungsmittel)
- Stoff, Filz auf Styropor, Metallprägefolie oder Dose: Alleskleber (für Styropor ohne Lösungsmittel)

Serviettentechnik

1 Schneiden oder reißen Sie das gewünschte Motiv aus der Serviette. Verwenden Sie dabei nur die oberste Lage der Serviette.

2 Grundieren Sie den Untergrund, auf dem die Serviette angebracht werden soll, in Weiß. Legen Sie die Serviette darauf und fixieren Sie sie mit Serviettenkleber. Gestalten Sie den Hintergrund gemäß der Arbeitsbeschreibung des jeweiligen Modells.

3 Versiegeln Sie Ihr Werkstück abschließend mit einer weiteren Schicht Serviettenkleber.

WERKZEUGE UND HILFSMITTEL

- kleine Schere
- normale Schere
- Lochzange
- Serviettenkleber
- Flachpinsel
- Schwämmchen zum Grundieren

FRÜHLING

Wenn die Natur erwacht und die Tage wieder länger und wärmer werden – dann ist es Zeit, den Balkon und die Terrasse aus dem Winterschlaf zu erwecken. Mit tollen Dekorationen in frischen Farben, mit frühlingshaften und österlichen Motiven gelingt Ihnen die Frühjahrskur für den Außenbereich ganz leicht.

Gänsenest

→ für Ostereier

MOTIVGRÖSSE
ø 26 cm

MATERIAL
- Holzrest, 8 mm stark
- 6 Aststücke, ø 1 cm, 16 cm lang
- Blechkeksdose, ø 26 cm
- Kupferfolienrest, 0,2 mm stark
- Moos, Clematisranke
- 8 ausgeblasene Hühnereier
- Acrylfarbe in Elfenbein, Zimt und Braun
- wetterfester Klarlack
- Rostpatina
- Relieffarbe in Elfenbein und Lachs
- geglühter Bindedraht, ø 0,65 mm
- Bast in Natur

BOGEN A, VORLAGE SCHWARZ

1 Die Gänse vom Vorlagenbogen auf das Holz übertragen, aussägen und fein schleifen. Die Gänse in Elfenbein grundieren, die Füße zimtfarben bemalen. Die Flügel auf die Kupferfolie übertragen, ausschneiden und auf die Gänse kleben.

2 Die Keksdose aufrauen, mit Metallgrund grundieren, braun anmalen und mit Rostpatina vollenden. Mit der Relieffarbe die Blüten und die Randborte aufmalen. Alles mit Klarlack lackieren.

3 Den Dosenrand mit Bast und einem mit Bindedraht zusammengebundenen Bündel Clematisranke dekorieren.

4 Die Aststücke jeweils 4 cm unterhalb des Randes mit dem geglühten Bindedraht nach Abbildung verbinden. Den Ast-Zaun mit Heißkleber in der Dose fixieren und die Gänse aufkleben.

5 Das Blechnest mit Moos und Eiern füllen.

Tipp: **Färben Sie Ihre Ostereier auch einmal mit Naturfarben! Dann passen die Eier ausgezeichnet zu diesem Osternest.**

Schäferkette

→ mit anhänglichen Schäfchen

1 Die Holzteile vom Vorlagenbogen auf das Holz übertragen und aussägen. Die Kanten mit dem Schnitzmesser grob ausarbeiten, fein schleifen und nach Abbildung anmalen, dann lackieren.

2 Die Hutkrempe, den Arm und die Füße des Schäfers sowie die Köpfe der Schäfchen aufleimen. Die Löcher bohren.

3 Den Steckdraht umbiegen und als Schäferstab durch die Handbohrung stecken. Die Haare aus Kokosfasern befestigen.

4 50 cm Drahtgimpe als Aufhänger ankleben. Die Holzmotive mit jeweils 15 cm Drahtgimpe zur Kette verbinden.

5 Zwei Heubündel mit Bindedraht an der Kette befestigen. Je einen Flicken und einen Knopf mit Heißkleber auf die Bündel kleben.

Tipp: **Statt der Heubündel können Sie auch eine Clematisranke an der Kette befestigen. Verlängern Sie die Kette nach Ihren Wünschen!**

MOTIVHÖHE
ca. 65 cm

MATERIAL
- sägeraues Fichtenholz, ca. 2,2 cm stark, 20 cm x 25 cm
- Pappelsperrholzrest, 4 mm stark
- Heu
- Acrylfarbe in Elfenbein, Haut, Zimt, Schwarz, Hellgrün und Dunkelgrün
- Kokosfasern in Natur
- Steckdraht, ø 1,65 mm, 23 cm lang
- 2 Stoffflicken in Grün-Weiß kariert, 2 cm x 3 cm
- Drahtgimpe in Grün, ø 1 mm, 80 cm lang
- geglühter Bindedraht, ø 0,65 mm
- 2 Knöpfe in Braun, ø 1 cm
- Schnitzmesser
- Bohrer, ø 2 mm
- wetterfester Klarlack

BOGEN A, VORLAGE SCHWARZ

Hase Langbein

→ kunterbunter Osterbote

MOTIVHÖHE
ca. 65 cm

MATERIAL

- geriffelte Dose, ø 16 cm, 15 cm hoch
- Styroporkugel, ø 12 cm
- Rundholzstab, ø 8 mm, 75 cm lang
- 2 Holzhalbkugeln, ø 4 cm
- Acrylfarbe in Pink, Orange, Hellgrün, Gelb und Beige
- Filz in Orange, 51 cm x 8 cm
- Filz in Braun, 30 cm x 26 cm
- Pompon in Rot, ø 1,5 cm
- Bast in Natur
- Sperrholz, 8 mm stark, 15 cm x 15 cm
- Bohrer, ø 2 mm und 8 mm
- Metallfolie in Silber, A4
- Drahtrest in Schwarz, ø 0,7 mm
- 2 Schraubhaken, 8 mm x 3 cm
- Holzknopf in Braun, ø 2 cm
- wetterfester Klarlack

BOGEN A, VORLAGE SCHWARZ

1 Die Dose einseitig öffnen, der Deckel wird nicht weiter verwendet. In den anderen Dosenboden mittig ein Loch bohren (ø 8 mm). Zusätzlich oben an den Dosenseiten 2,5 cm unterhalb des Randes Löcher für die Aufhängung bohren (ø 2 mm).

2 Die Dose grundieren und mit dem Flicken und den Blümchen bemalen.

3 Den Rundholzstab in zwei Stücke mit 35 cm und ein Stück mit 5 cm Länge sägen. In die längeren Stücke (Beine) ca. 1 cm vom Rand entfernt ein Loch bohren (ø 2 mm, zum Aufhängen in Schritt 9) und ebenso in die Mitte der runden Seite der Holzhalbkugel (ø 8 mm, 1 cm tief). Dann die Beine und die Holzhalbkugeln bemalen und die Beine nach dem Trocknen in die Bohrung der Holzhalbkugeln kleben.

4 Die Styroporkugel bemalen, nach dem Trocknen das Gesicht aufmalen und die Wangen mit Buntstiftspänen röten.

5 Die Ohren und die Füße jeweils doppelt aus Filz und einmal aus Metallfolie zuschneiden. Dann die Metallfolienteile mit den Filzteilen umkleben. So werden Ohren und Füße formstabil.

6 Eine Sperrholzscheibe aussägen (ø 15 cm) und in der Mitte ein Loch bohren (ø 8 mm). Den kurzen Rundholzstab (5 cm lang) in Orange bemalen und nach dem Trocknen in die Scheibe leimen. Dann die Scheibe unter den Deckelboden kleben. Alle Teile lackieren.

7 Nach dem Trocknen die Füße und die Ohren aufkleben. Das eine Ohr nach vorne abknicken und den Holzknopf darauf kleben. Zwei je 16 cm lange Baststücke zuschneiden und als Barthaare zusammen mit der Pomponnase aufkleben. In den Kopf mit einem Stift ein Loch stechen (ca. ø 8 mm) und den Kopf auf den Hals kleben. Der Hals sollte noch ca. 2,5 cm lang sein.

8 Einen 51 cm x 2,5 cm breiten Streifen aus orangefarbenem Filz einseitig mit der Zackenschere schneiden und unter den Dosenrand kleben. Für den Schal ein 5 cm x 35 cm großes Rechteck zuschneiden und an den Enden 2,5 cm tiefe Fransen einschneiden. Dem Hasen um den Hals knoten.

9 Zwei Schraubhaken im Abstand von je 2,5 cm von der Bohrung der Sperrholzscheibe entfernt rechts und links eindrehen und die Beine mit Draht daran hängen. Den Nylonfaden durch die Bohrungen für die Aufhängung ziehen und den Hase daran aufhängen.

Tipp: **Statt die Ohren und Füße aus Metallfolie zu umkleben, kann man auch Formfilz verwenden.**

Schmetterlinge und Blumen

→ Blumenregal für die Terrasse

MOTIVHÖHE
ca. 17 cm (Schmetterling)
ca. 12 cm (Blumendose)

MATERIAL
- 2 geriffelte Dosen, ø 10 cm, 11,5 cm hoch
- 2 glatte Dosen, ø 5,5 cm, 7,3 cm hoch
- Holzlatte, 14 cm breit, 1,9 cm stark, 1,44 m lang
- Sperrholz, 6 mm stark, 20 cm x 25 cm
- 2 gebohrte Rohholzkugeln, ø 4 cm
- 4 ungebohrte Rohholzkugeln, ø 2 cm
- Rundholzstab, ø 8 mm, 14 cm lang
- Acrylfarbe in Schwarz, Hautfarbe, Blau, Hellgrün, Pink, Gelb, Orange und Braun
- wetterfester Klarlack
- Rostfinish
- Beize in Eiche rustikal
- Filzrest in Orange
- Baumwollkordel in Schwarz, ø 2 mm, 44 cm lang
- Metallfolienrest in Silber
- Papierdraht in Gelb, ø 2 mm, 40 cm lang
- Bohrer, ø 2 mm und 8 mm
- 7 Schrauben, ø 4 mm, 6 cm lang
- Weidenzweige

BOGEN A, VORLAGE SCHWARZ

1 Die Holzlatte in vier Stücke sägen: 90 cm, 30 cm und zweimal 12 cm lang. Die Kanten gut abschleifen und alles beizen. Nach dem Trocknen das lange Stück rechtwinklig mittig auf die Sockelplatte leimen und trocknen lassen. Dann mit drei Schrauben von unten fixieren. Die zwei Regalbretter ca. 28 cm und 67 cm vom unteren Rand entfernt rechtwinklig mit je zwei Schrauben von der Rückseite befestigen.

2 Die Dosen einseitig öffnen, die Deckel der kleinen Dosen werden weiter verwendet. In die Dosenböden mittig Löcher bohren (ø 8 mm). Außerdem ca. 1 cm vom unteren Dosenrand entfernt im Abstand von 1,5 cm nebeneinander zwei Bohrungen für die Beine anbringen (ø 2 mm).

3 Die Dosen grundieren und bemalen. Die braunen Dosen werden nach dem Trocknen sparsam mit Rostfinish überstrichen.

4 Für die Dosen mit Blumenschmuck kleine Blüten aus Sperrholz aussägen, deren Kanten gut abschleifen und sie bemalen. Trocknen lassen und mit Holzleim an die Dosen kleben und diese lackieren. Nach dem Trocknen einen Weidenzweig darum wickeln.

5 Für jede Schmetterlingsdose eine Sperrholzscheibe aussägen (ø 5 cm) und mittig ein Loch bohren (ø 8 mm). Den Rundholzstab in zwei gleiche Teile sägen, bemalen und in die Sperrholzscheiben leimen. Die Scheibe von unten an den Dosenboden leimen, den Rundholzstab durch die Bohrung stecken.

6 Für die Schmetterlingsköpfe die großen Rohholzkugeln bemalen, nach dem Trocknen die Gesichter aufmalen und die Wangen mit Buntstiftspänen röten. Dann zwei Löcher im Abstand von 1 cm für die Fühler bohren (ø 2 mm, 1 cm tief). Den Papierdraht in vier 10 cm lange Stücke schneiden und einkleben.

7 Die Metallfolie grundieren, die Schmetterlingsflügel daraus ausschneiden und farbig gestalten. Nach dem Trocknen hinter den Körper kleben.

8 In die kleinen Rohholzkugeln Löcher bohren (ø 2 mm) und sie schwarz anmalen. Dann die Baumwollkordel in vier 11 cm lange Stücke schneiden, die Fußperlen aufziehen und die Enden verknoten.

9 Nun die Köpfe, die Deckel und die Dosen lackieren. Die Halskrausen aus Filz zuschneiden und über die Hälse ziehen. Den Kopf auf den Rundholzstab leimen. Den Dosendeckel als Boden unter die Dose kleben. Zuletzt die Schmetterlinge auf das Regal setzen oder kleben.

Kleines Blumenkind

→ braucht etwas Zeit

MOTIVGRÖSSE
ca. 26 cm x 41 cm

MATERIAL

- Sperrholzrest, 6 mm stark
- Sperrholz, 1 cm stark, 45 cm x 50 cm
- Acrylfarbe in Schilf, Olivgrün, Hautfarbe, Scharlachrot, Weiß, Taubenblau, Pfirsich und Antikblau
- wasserfester Filzstift in Weiß (für die Augen)
- wetterfester Klarlack
- Bindedraht, ø 0,65 mm
- 2 Nägel, ø 1,2 mm, 2 cm lang
- Strohband (evtl. Paketschnur)
- Trockenblumen
- Serviettenkleber
- Stoffreste, 5 cm x 30 cm (Hals); 1,5 cm x 20 cm (Eimer)
- Zinkeimer, ø 10 cm, 9,5 cm hoch
- Pinsel, dünn
- evtl. Schrauben
- Bohrer, ø 1,5 mm

BOGEN A, VORLAGE ROT

1 Den Kragen, den Blütenstiel und die Schmetterlinge aus dem dünnen, das Blumenkind, beide Arme, die Schuhe, das herzförmige Blatt und die Standfläche aus dem dicken Sperrholz aussägen. Aus der Standfläche eine kreisförmige Fläche für den Zinkeimer aussägen.

2 Alles wie abgebildet bemalen und die Innenlinien ergänzen. Die Schmetterlinge, das Hütchen, die Hände und das Blatt erhalten seitliche Bohrlöcher, die Arme und die Füße bekommen ihre Bohrungen von vorne. Mit Klarlack lackieren.

3 Den Kragen und das Blatt mit Trockenblumen verzieren. Dazu den Bereich mit Serviettenkleber bestreichen, vorsichtig die Blüten auflegen und diese noch einmal mit Serviettenkleber fixieren. Den Kopf mit ein paar Strohbandfasern bekleben, danach das Hütchen anbringen, den Kragen fixieren und die Arme annageln.

4 Das lose Blatt auf den Bindedraht fädeln, die Drahtenden durch die seitlichen Bohrungen beider Hände führen, zu Locken drehen. Die Fühler der Schmetterlinge fixieren, danach einen Schmetterling auf ein gelocktes Stück Bindedraht kleben. Die anderen werden auf ein in der Mitte zusammengeknicktes Stück Bindedraht geklebt, welches vorher über einem Stift gerollt und so gelockt wird.

5 Das Blumenkind auf die Standfläche kleben oder schrauben, den einzelnen Schmetterling am Hut fixieren. Bei den Schuhen von hinten u-förmig gebogene Bindedrahtstücke durchstecken, vorne verzwirbeln und die Enden locken. Die Schuhe an die Figur kleben. Ein Stück Stoff um den Hals und ein kleines Stück Stoff um den Eimer binden. Die zwei zusammen angedrahteten Schmetterlinge zum Schmücken des Eimers verwenden.

Schäfchen-Blumenkasten

→ auch als Osternest verwendbar

MOTIVGRÖSSE
ca. 34 cm x 25 cm

MATERIAL
- Sperrholzrest, 6 mm stark
- Sperrholzrest, 8 mm stark
- Sperrholz, 1 cm stark, 50 cm x 50 cm
- Acrylfarbe in Elfenbein, Weiß, Hautfarbe, Schwarz, Scharlachrot und Schilf
- wetterfester Klarlack
- Bindedraht, ø 0,65 mm
- 2 Messingschellen, ø 22 mm
- 8 Holzschrauben, Senkkopf, 3,5 mm x 25 mm
- evtl. Holzleim
- Feile
- Bohrer, ø 1,5 mm, 2 mm und 4 mm

BOGEN A, VORLAGE SCHWARZ

1 Die Ohren und die Nasen aus dem dünnen, den Marienkäfer und seinen Flügelpunkt aus dem mittleren und die Schafe, die Seitenteile, die Bodenplatte und das Vorderteil aus dem dicken Sperrholz aussägen.

2 Alles wie abgebildet bemalen, die Innenlinien ergänzen und die Bohrungen ausführen. Mit Klarlack lackieren. Für das Andrahten der Schellen werden die Bohrungen von vorne, für die Käferfühler von der Seite ausgeführt. Die Bohrungen für die Kiste laut Vorlagenbogen durchführen.

3 Die Ohren und Nasen fixieren. Die Schellen andrahten. Dazu von hinten ein u-förmig gebogenes Stück Bindedraht durch die Bohrungen stecken, vorne eine Schelle auffädeln, die Drahtenden verzwirbeln und zum Locken über einen Bleistift wickeln. Die Schäfchenblumenkiste zusammenschrauben und den fertigen Marienkäfer anbringen. Dafür die Fühler aus Bindedraht einkleben und den Flügelpunkt fixieren.

Kleine Bienchen

→ am schönsten im Schwarm

1 Die Flügel aus dem dünnen, die Biene und die Bodenfläche aus dem dicken Sperrholz aussägen. Alles wie abgebildet anmalen, die Innenlinien ergänzen. Weiß für die Lichtpunkte in den Augen verwenden. Mit Klarlack lackieren.

2 Für die Fühler ein Stückchen Draht zusammenknicken und die Enden rund biegen.

3 Die Fühler und den Stachel fixieren. Die Flügel ankleben und die Biene auf die Bodenfläche kleben.

MOTIVGRÖSSE
ca. 4,5 cm x 4 cm

MATERIAL
- Sperrholzrest, 4 mm stark
- Sperrholzrest, 6 mm stark
- Acrylfarbe in Scharlachrot, Weiß, Pfirsich, Elfenbein, Schwarz, Hautfarbe und Olivgrün
- wetterfester Klarlack
- Bindedraht, ø 0,65 mm
- Bohrer, ø 1,5 mm

BOGEN A, VORLAGE SCHWARZ

Hahn im Haus

→ schön für den Blumenkasten

MOTIVHÖHE
ca. 130 cm

MATERIAL
- Sperrholz, 6 mm stark, 50 cm x 50 cm
- Vierkantholz, 4 cm x 4 cm, 1 m lang
- Acrylfarbe in Beige, Weinrot, Ocker, Taubenblau, Weiß und Braun
- Krakelierlack
- wetterfester Klarlack
- Draht in Schwarz, ø 1 mm
- Schraube, 0,35 cm x 4 cm
- Schaschlikstäbchen
- Bohrer, ø 2 mm

BOGEN A, VORLAGE ROT

1 Die Teile aussägen und unten am Haus sowie an der Blume für den Draht eine Bohrung (ø 2 mm) anbringen.

2 Das Haus mit der taubenblauen Farbe bemalen und trocknen lassen. Krakelierlack auftragen, gut trocknen lassen und in Beige übermalen. Während des Trocknens bilden sich Risse. Danach die blauen Karos aufmalen.

3 Die übrigen Teile ebenfalls bemalen und auf das Haus kleben. Mit Klarlack lackieren. Die Blume mit einem um ein Schaschlikstäbchen gedrehtem Draht (25 cm lang) in der Bohrung aufhängen. Das Haus auf den bemalten Stab schrauben.

Tipp: Zum Aufmalen der Karos ist es hilfreich das Muster einfach mit Klebeband abzukleben und die Zwischenräume auszumalen. Anschließend ziehen Sie die Klebestreifen vorsichtig wieder ab.

Frühling in zartem Blau

→ ausgefallen

1 Die Holzbrettvorlage auf die MDF-Platte übertragen, aussägen, fein schleifen und anmalen.

2 Den Ziegel weiß grundieren.

3 Die Serviettenmotive ausreißen und mit Serviettenkleber auf dem Ziegel fixieren.

4 Mit dem Schwämmchen die Zwischenräume mit den Acrylfarben gestalten.

5 Das Holzbrett mit zwei Senkkopfschrauben am Ziegel anschrauben. In das Glas ein Teelicht setzen.

MOTIVGRÖSSE
14 cm x 28 cm

MATERIAL
- Biberschwanzziegel, 14 cm x 28 cm
- MDF-Platte, ca. 8 cm x 10 cm, 18 mm stark
- Acrylfarbe in Weiß, Blau und Violett
- Serviette mit Frühlingsmotiven in Blau
- Glasgefäß in Tulpenform, ø 7 cm
- 2 Senkkopfschrauben, 3 mm x 30 mm
- Teelicht
- Malschwämmchen
- Serviettenkleber

BOGEN B, VORLAGE SCHWARZ

Moosblume

→ mit Gartengeräten

MOTIVHÖHE
ca. 45 cm

MATERIAL
- Kupferfolie, 0,2 mm stark, ø 10,5 cm
- Gießkanne in Rost, 7 cm hoch
- Harke in Rost, 15 cm lang
- Rechen in Rost, 15 cm lang
- Moos
- feste Pappe, ø ca. 25 cm
- Acrylfarbe in Braun
- Rostpatina
- Relieffarbe in Lachs
- Myrtendraht in Grün, ø 0,31 mm
- Taftband in Orange, 5 mm breit, 1,7 m lang
- Taftband in Orange, 1 cm breit, 50 cm lang
- Chiffonband in Orange, 5 mm breit, 50 cm lang
- Clematisranke
- Stoffrest in Lachs-Weiß kariert, 4 cm x 6 cm
- Prägestift

BOGEN B, VORLAGE ROT

1 Die Blüte vom Vorlagenbogen auf die Pappe übertragen und ausschneiden.

2 Das Moos beidseitig mit Heißkleber auf die Pappschablone kleben und mit Myrtendraht umwickeln.

3 Die Kupferfolie aufrauen, mit Metallgrund grundieren, braun anmalen und mit Rostpatina vollenden. Mit einem Prägestift Punkte eindrücken. Den Rand mit Relieffarbe verzieren.

4 Die Blütenmitte und den kleinen Rechen mit Heißkleber aufkleben.

5 1 cm schmales Taftband als Aufhänger mit Heißkleber befestigen. An den restlichen 70 cm Band die Gießkanne, die Harke und die Clematisranke mit dem Stoffrest arrangieren und an der Blüte herunterhängen lassen.

6 Aus dem breiteren Taftband und dem Chiffonband eine Schleife binden und auf die Blüte kleben.

Tipp: Damit die Moosblume länger hält, können Sie statt Pappe Sperrholz als Kern verwenden.

Dekorative Kanne

→ mit Drahtkorb

MOTIVHÖHE
ca. 50 cm

MATERIAL
- sägeraues Fichtenholz, ca. 2,2 cm stark, 52 cm x 30 cm
- MDF-Platte, 1,9 cm stark, 15 cm x 30 cm (Bodenplatte)
- Holzrest, 5 mm stark
- Acrylfarbe in Elfenbein, Rot, Hellgrün und Dunkelgrün
- wetterfester Klarlack
- geglühter Bindedraht, ø 0,65 mm
- Drahtkorb, ø 13 cm, 11 cm hoch
- Bast in Natur
- Stoffreste in Rot-Schwarz kariert
- 2 Knöpfe in Rot, ø 1,2 cm
- Krampe
- 2 Senkkopfschrauben, ø 4 mm, 4 cm lang
- Bohrer, ø 2 mm, 3 mm und 6 mm
- Schwämmchen

BOGEN A, VORLAGE SCHWARZ

1 Die Holzteile vom Vorlagenbogen auf das entsprechende Holz übertragen, aussägen, bohren, fein schleifen und anmalen. Zur Grundierung die Gießkanne in Elfenbein, die Herzen in Rot mit dem Schwämmchen überwischen. Dann lackieren.

2 Den Griff und die Gießtülle mit Bindedraht an der Kanne befestigen. Die Bodenplatte anschrauben.

3 Die Herzen aufleimen. Flicken und Knöpfe mit Heißkleber auf die Herzen kleben. Eine Bastschleife binden und an der Gießkanne befestigen.

4 Die Krampe mit einem Hammer in die Gießkanne schlagen und den Korb anhängen. Eine Pflanze in den Korb stellen.

Tipp: Sie können statt des Drahtkorbes auch einen Terrakottatopf an der Gießkanne befestigen. Ganz leicht lassen sich auch Terrakottahalbtöpfe verwenden. Sie sind bereits gebohrt und müssen nur angeschraubt werden.

SOMMER

Was gibt es Schöneres, als den Sommer in vollen Zügen im Freien zu genießen?! Terrasse und Balkon können Sie mit ein paar selbst gemachten, dekorativen Highlights ein ganz besonderes Flair verleihen. Tischdekorationen für die Gartenparty, Nützliches und Praktisches, stimmungsvolle Lichtideen für laue Sommerabende und vieles mehr machen Lust auf Sommer auf Balkonien!

Gießkanne

→ nützlich und schön

MOTIVGRÖSSE
23 cm x 16 cm

MATERIAL
- Gießkanne, verzinkt, ca. 23 cm x 16 cm
- Prägefolie in Silber/Silber, 20 cm x 30 cm
- Windowcolor in verschiedenen Grüntönen
- Moosgummiunterlage, A4
- Sekundenkleber

BOGEN B, VORLAGE SCHWARZ

1 Die Vorlagen mit Klebefilm auf der Prägefolie befestigen. Auf die Moosgummiunterlage legen und alle Linien mit Kugelschreiber nachziehen. Die Rückseite der Blätter mit Windowcolor in verschiedenen Grüntönen anmalen. Dabei die Blattadern aussparen. Restliche, unbearbeitete Aluprägefolie vollständig grün einfärben, trocknen lassen.

2 Alle Blätter ausschneiden und in die gewünschte Form biegen. Für den ca. 20 cm langen Stiel und mögliche Verzierungen am oberen und unteren Gießkannenrand aus der eingefärbten Prägefolie 4 mm schmale Streifen schneiden. Diese eng um einen festen Draht wickeln, die fertige Spirale herunterschieben, an beiden Enden fassen und auseinander ziehen. Alle Blätter am Stiel befestigen.

3 Abschließend den Efeuzweig und die Randverzierungen mit Sekundenkleber auf der Gießkanne im gewünschten Bereich befestigen.

Tipp: Machen Sie ein ganz persönliches Geschenk, denn diese Gießkanne erfreut jeden Hobbygärtner.

Tontöpfe mit Silber

→ schlicht und edel

1 Das Schutzpapier von einer Seite der doppelseitigen Klebefolie abziehen und die freie Klebefläche faltenfrei auf die Prägefolie aufkleben. Prägefolie anschließend in 4 cm x 10,5 cm kleine Stücke schneiden. Jeweils das zweite Schutzpapier entfernen und die Folienstücke möglichst symmetrisch auf den kleineren Tontopf aufkleben.

2 Die Drahtteile mithilfe einer kleinen Zange biegen. Zu lange Drahtenden abknipsen. Die Bodenlinien für den Übertopf mit dem Kamel nach Belieben biegen. Die Blüten zunächst wie aus der Vorlage ersichtlich als Schleifenband arbeiten, das abschließend zu einem Kreis gebogen wird.

3 Alle Drahtteile der jeweiligen Topfrundung anpassen und wie aus der Abbildung ersichtlich mit Sekundenkleber aufkleben.

Tipp: Die Drahtfiguren sind sehr variabel, selbstverständlich können Sie auch Töpfe in anderen Größen und unterschiedlichen Formen damit schmücken.

MATERIAL
- Blumentopf mit breitem Metallrand, ø 16,5 cm, 25 cm hoch
- Terrakotta-Topf, ø 16 cm, 13 cm hoch
- Prägefolie in Silber, 15 cm x 20 cm
- doppelseitige Klebefolie, 15 cm x 20 cm
- Aluminiumdraht, ø 3 mm, ca. 60 cm für das Kamel, ca. 15 cm für die Bodenlinien (ohne Vorlage), ca. 35 cm für eine Blüte und ca. 20 cm für eine Blattspirale
- kleine Biegezange
- Sekundenkleber

BOGEN B, VORLAGE SCHWARZ

Wackel-Flamingos

→ ideal für Pflanztröge

MOTIVHÖHE
ca. 85 cm

MATERIAL FÜR ZWEI FLAMINGOS

- 2 glatte Dosen, ø 8 cm, 7,3 cm hoch
- Metallprägefolie in Silber, A3
- Sperrholz, 8 mm stark, A4
- 4 Rundholzstäbe, ø 8 mm, je 50 cm lang
- Acrylfarbe in Rosa, Schwarz, Weiß und Grau
- Bandstahl, 1 mm stark, 1,5 cm breit, 2 x 30 cm lang
- 2 ungebohrte Rohholzkugeln, ø 5,5 cm
- 2 Rundholzstäbe, ø 1 cm, je 1,5 cm lang
- 6 Schrauben, 3 mm x 2 cm
- 2 Schrauben, M3 x 15, und Muttern
- Metallbohrer, ø 3 mm und 8 mm
- wetterfester Klarlack

BOGEN A, VORLAGE SCHWARZ

1 Die Dosen öffnen. Mit dem Dosenöffner in den Rand des Dosenbodens einen Schlitz von ca. 2,5 cm Länge ritzen. 3 cm unterhalb der Mitte des Schlitzes ein Loch (ø 3 mm) in die Dose bohren. In die beiden Bandstahlstücke mittig 1 cm und 2 cm vom Rand entfernt je ein Loch (ø 3 mm) bohren, auf der gegenüberliegenden Seite 1 cm vom Rand entfernt ein Loch (ø 3 mm) bohren. Den Bandstahl auf der Seite mit den zwei Bohrungen nach 3 cm im rechten Winkel knicken. Hier wird später der Kopf befestigt.

2 Vier Sperrholzscheiben (ø 7,8 cm) zusägen, für die Beine jeweils zwei durchgehende Löcher je 2,5 cm vom rechten und linken Rand entfernt (ø 8 mm) bohren. Aus Metallprägefolie die Flügel und die Randverzierung (auch mit der Zackenschere), die Schnabelteile und zwei Streifen (11 cm x 5 mm) für die Kopffedern ausschneiden. Anschließend alles rosa bzw. weiß grundieren und nach dem Trocknen bemalen.

3 Für die Kopffedern die Streifen über einem Stift zu Spiralen drehen. Zwei Schrauben (3 mm x 2 cm) durch die vorgebohrten Löcher im Bandstahl in die Holzkugelköpfe drehen. Die 1,5 cm langen Rundstäbe in Längsrichtung durchbohren (ø 3 mm). Anschließend die Schraube eindrehen und als Schnabelunterbau gemäß Vorlage in den Kopf schrauben.

4 Die Schnabelhälften an zwei Seiten zusammenkleben. Klebstoff auf den Rundstab des Unterbaus geben und den Schnabel an der offenen Seite darüber ziehen. Anschließend die Kopffedern aufkleben. Den Kopf mit dem Bandstahl durch den Schlitz im Dosenboden bis zur Übereinstimmung der Löcher schieben. Zwei Rundstäbe mit den Enden bündig in die Bohrungen der Sperrholzscheiben leimen und die Scheibe am Bandstahl vorbei unter den Dosenboden leimen. Gut trocknen lassen.

5 Die Schraube mit der Mutter in den vorgebohrten Löchern von Bandstahl und Dose befestigen. Die zweite Scheibe über die Rundstäbe in die Dose schieben, sodass die Scheibe ca. 5 mm vom Dosenrand entfernt festgeleimt werden kann. So erhält der Flamingo Stabilität. Flügel und Verzierungen mit Alleskleber befestigen, anschließend den Flamingo lackieren.

Muscheln für die Tischdecke

→ dekorativ und praktisch

MATERIAL

- Muscheln
- lufthärtende Modelliermasse in Weiß, ca. 200 g
- Vorhangringe mit Clips (mit Ersatzöse)
- wetterfester Klarlack
- Flachzange

1 Die Vorhangringe mithilfe eine Zange entfernen, stattdessen die Ersatzöse am Clip befestigen.

2 Die Muschel mit der Modelliermasse füllen und die Ersatzöse einarbeiten. Die Oberfläche der Knetmasse glätten oder nach Belieben strukturieren.

3 Nach dem Aushärten der Modelliermasse mit der Zange die Drähte so biegen, dass die Muschel später mit der gewölbten Seite nach außen am Tischtuch hängt. Abschließend die Muschel mit Klarlack überziehen.

Tipp: Alternativ zu den Teilen für die Vorhangaufhängung können Sie auch einfache Handtuchhalter mit Clips aus der Haushaltswarenabteilung verwenden.

Tipp: Verwenden Sie für diese Bastelidee selbst gesammelte Muscheln. Allerdings sollten die Muscheln nicht zu klein sein, sonst sind die fertigen Teile zu leicht. Sie können die Muscheln auch im Bastelfachhandel kaufen.

Gartenstuhl

→ ganz individuell

1 Lange Klebefilmstreifen werden von der Ecke aus diagonal über die Holzlatten geklebt, sodass jeweils ein Dreieck frei bleibt. Den Klebefilm zwischen den Latten durchschneiden und die Latten mit den freien Klebeflächen seitlich bzw. nach hinten abkleben. Flächen, die nicht bemalt werden sollen, wie z. B. das Stahlrohrgestell, zusätzlich abkleben.

2 Nachdem alle Flächen, die unbemalt bleiben sollen, abgeklebt sind, mit dem Farbauftrag beginnen. Systematisch jeweils zwei oder drei Latten im selben Farbton anmalen. Dabei immer mit dem Pinsel vom Klebefilm weg streichen.

3 Klebefilmstreifen gleich nach jedem gearbeiteten Dreieck vorsichtig entfernen. Die Farbe trocknen lassen.

Tipp: Abschließend können Sie Ihr Werk noch zusätzlich durch eine Klarlackschicht schützen.

Tipp: Sie haben lange Freude an dem Stuhl, wenn Sie mit qualitativ hochwertigem Material arbeiten. Die Bastelfarben sollten eine cremige Konsistenz haben, lichtecht, wasserfest und vor allem gut deckend sein.

MATERIAL

- Gartenstuhl mit Holzlatten
- Klebefilm
- Bastelfarbe in Kobaltblau, Blau, Hellblau und Taubenblau

Blaue Tischdekoration

→ Sommer-Partylaune

MATERIAL BLUMEN-SCHALE

- große Schale aus blauem Glas
- verschiedene Blüten, z. B. Pfingstrosen, Rosen, Hortensien, blaue Agapanthus, Petunien, Winden
- einige Ranken, z. B. Mühlenbeckie (neuseeländischer Knöterich) oder Ficus pumila (kriechender Knöterich)
- Schwimmkerzen

TISCHKARTEN

- Tonpapier in Dunkelblau und Hellblau
- Kartonrest
- Transparentpapier
- Trinkhalme
- Bleistift
- Schere
- Klebstoff
- Lackstift oder Kalligrafietusche in Weiß und Blau

BOGEN B, VORLAGE SCHWARZ

Blumenschale

1 Die Glasschale zu etwa zwei Dritteln mit Wasser füllen.

2 Blüten, Kerzen und Mühlenbeckienranken darin arrangieren.

3 Ranken und Blüten zur Auflockerung der Dekoration auch um die Schale herum auf den Tisch legen.

Tipp: Sie können aus den Ranken auch Serviettenringe herstellen, indem Sie diese einfach um eine zusammengefaltete Serviette wickeln und mit einer Blüte schmücken.

Tischkarten

1 Aus einem Kartonrest eine Schablone herstellen. Dafür die Umrisse des Achtecks vom Vorlagenbogen auf den Karton pausen.

2 Die Achtecke aus dunkelblauem und hellblauem Tonpapier ausschneiden und die Form entlang der auf dem Vorlagenbogen eingezeichneten Linien falten. Eine der Linien bis zum Mittelpunkt einschneiden. Den Schirm auf der gegenüberliegenden Seite beschriften und dann die beiden neben der Schnittlinie liegenden Dreiecke übereinander kleben.

3 Mit der Schere vorsichtig ein kleines Loch in die Mitte des Schirmes bohren und den Trinkhalm durch das Loch stecken. Dieses sollte so eng sein, dass der Schirm nicht über den Halm rutscht. Den Schirm notfalls mit einem Tropfen Klebstoff fixieren.

Windspiel

→ im Retrolook

1 Die Trinkhalme so auf eine Länge von 18 cm kürzen, dass die Knickstellen abgetrennt werden. Alle Halme mittig und gerade mit einer Nadel vorstechen und dann in folgender Reihenfolge auf den Draht stecken: 4 x Pink, 4 x Rosa, 4 x Orange, 4 x Gelb, 4 x Hellgelb, 4 x Hellgrün, 4 x Grün und 4 x Blau.

2 Die Halme an den Außenseiten mit Kreppklebeband zusammenhalten, die Form vom Vorlagenbogen übertragen und dann mit dem Cuttermesser zuschneiden.

3 Das Kreppklebeband wieder von den Halmen lösen und oben und unten je eine Holzperle auf den Draht stecken. Nun die Drahtenden kürzen und mithilfe eines Seitenschneiders je einen Haken biegen. Das fertige Windspiel mit Perlonfaden aufhängen und die Trinkhalme im Bogen anordnen.

MOTIVHÖHE
ca. 20 cm

MATERIAL
- je 4 knickbare Trinkhalme in Blau, Grün, Hellgrün, Gelb, Hellgelb, Orange, Rosa und Pink, ø 5 mm, 24 cm lang
- Steckdraht in Grün, ø 1,2 mm, 30 cm lang
- 2 Holzperlen in Blau, ø 9 mm
- Perlonfaden, ø 0,25 mm
- Cutter
- Kreppklebeband

BOGEN A, VORLAGE ROT

Bunter Gemüsetisch

→ sommerlicher Genuß

MATERIAL

- Rupfen oder Naturleinen, ca. 50 cm x 50 cm
- Karodraht
- 2-3 Rundstäbe, ø 4 mm
- feiner Silberdraht
- einige Töpfe mit Küchenkräutern
- Gemüse wie Tomaten, Radieschen, Karotten, Zwiebeln
- Weizenkörner, ca. 500 g
- Seitenschneider
- kleine Säge

1 Aus dem Karodraht Stücke von etwa 10 cm x 20 cm ausschneiden. Die Schnitte dabei immer diagonal verlaufen lassen und darauf achten, dass immer nur ganze Karos übrig bleiben. Offene Drahtenden jeweils abschneiden.

2 Rundstäbe in 11,5 cm lange Stücke sägen und mit dem Silberdraht an den beiden Schmalseiten der „Gartenzäune" festbinden. Damit die Zaunstücke stehen bleiben, diese leicht u-förmig biegen.

3 Den Gemüsegarten wie auf der Abbildung zu sehen oder nach eigenem Geschmack arrangieren.

Terrakotta-Lichter

→ schön in Rabatten

1 Die Holzstäbe und die Töpfe von allen Seiten mit weißer Acrylfarbe grundieren und die Farbe trocknen lassen.

2 Die gewünschte Farbe auf einem Teller mit Weiß zu einem Pastellton vermischen. Jeweils einen Topf und einen Stab im selben Farbton bemalen.

3 Nachdem die Farbe getrocknet ist, mit unverdünnter Farbe Streifen auf die Stäbe und einen Rand auf den Topf malen, dann lackieren.

4 Vor dem Zusammenschrauben der Fackeln nach dem Trocknen die Stäbe senkrecht von oben verbohren, und in die Mitte der Schraubdeckel mit einer Schraube ein kleines Loch schlagen. Von innen eine Schraube durch den Deckel stecken und den Deckel mit der Oberseite nach unten in den Topf legen, sodass die Schraube aus dem Loch des Topfes hervorschaut. Eine Unterlegscheibe über die Schraube schieben und den Rundstab unten an den Topf schrauben.

5 Zum Schluss an jeden Topf zwei ca. 75 cm lange, farblich passende Bänder binden und ein Teelicht in den Schraubdeckel stellen.

MOTIVHÖHE
ca. 20 cm

MATERIAL
- Tontöpfe, ø 8 cm
- Rundhölzer, ø 12 mm, Länge je 50 cm
- Acrylfarbe in Gelb, Hellgrün, Orange, Blau, Violett und Weiß
- wetterfester Klarlack
- Geschenkbänder in passenden Farben, 10-12 mm breit
- kleine Schraubdeckel, passend für Teelichter (z. B. von Kapern- oder Olivengläser)
- Schrauben, 3 mm x 20 mm
- Unterlegscheiben, etwas größer als das Tontopfloch
- Bohrer, ø 3 mm
- Schraubendreher
- Hammer
- Pinsel
- alter Teller

Filmdosen mit Mosaikpapier

→ schnell und einfach

MATERIAL

- 10 transparente Filmdosen
- weiße Außenlichterkette mit 10 Birnchen in Klar
- 1 Bogen starkes Transparentpapier „Mosaik hell“, A4
- Serviettenkleber
- Cutter

BOGEN A, VORLAGE SCHWARZ

1 Gemäß der Vorlage zehn Rechtecke aus Transparentpapier zuschneiden.

2 Dosen außen ganz dünn mit Serviettenkleber bestreichen und die Transparentpapier-Rechtecke darum kleben. Trocknen lassen.

3 In die Deckel mit dem Cutter kreuzförmige Schlitze schneiden, dann die Dosen verschließen und die Lichter durch die Schlitze in die Dosen stecken.

Tipp: Haben Sie wenig Zeit? Das Papier einfach etwas kleiner zuschneiden und in die Dosen stecken.

Tipp: Die Lichterkette eignet sich nur für den überdachten Außenbereich.

Schützt leckeren Kuchen

1 Mit einem tropffreien Klebstoff Punkte im gleichmäßigen Abstand auf das Gitter auftupfen, trocknen lassen.

2 Das Gitter und den unteren Rand mit Acrylfarben und Schwamm gestalten. Mit der hellsten Farbe beginnen. Transportring, die Klebepunkte und evtl. den Rand mit dem Pinsel farblich passend bemalen.

3 Nach dem Trocknen der Farbe die Drähte der Schmetterlinge jeweils am gewünschten Ort durch das Metallgitter hin- und zurückfädeln und mit sich selbst verdrehen, sodass die Schmetterlinge gut halten. Überstehende Drahtenden abschneiden.

Tipp: Die Klebstoffpunkte zeigen mehr Farbe als das dünne Gitter. Falls Sie keinen entsprechenden Kleber zur Hand haben, können Sie auch kleine Kügelchen aus weißer, lufthärtender Modelliermasse in das Gitter drücken und später bemalen.

MATERIAL

- Lebensmittelhaube aus Metallgitter, weiß, ø 26 cm
- Acrylfarbe in Blau, Holunder und Vanille
- tropffreier Klebstoff
- 8 Federschmetterlinge am Draht, ca. 4 cm x 6 cm
- Schwamm

Kleine Drahtlaternen

→ für laue Sommernächte

MOTIVHÖHE
ca. 10 cm

MATERIAL
- Naturpapier, z. B. Bananenpapier, Faserseide
- Bastelwellpappe in Natur
- Karodraht, verzinkt, Karogröße ca. 12 mm
- Wickeldraht, verzinkt
- feiner Silberdraht
- Teelichter in Glasbechern
- Tapetenkleister
- Seitenschneider
- Flachzange
- Borstenpinsel
- Schraubglas

1 Einen Achtelliter Wasser mit einem knappen Teelöffel Tapetenkleister anrühren und die Mischung ca. 20 Minuten quellen lassen.

2 Für die Drahtlaternen je ein Rechteck mit 16 x 6 Karos zuschneiden. Dabei die Drahtenden an einer Lang- und einer Schmalseite bis zum nächsten Gewebekreuz zusätzlich stehen lassen.

3 Die offenen Drahtenden der Schmalseite zu kleinen Haken biegen, dann Anfang und Ende des Drahtstückes verbinden, indem die Haken mit der Flachzange gut festgedrückt werden. Die offenen Drahtenden der Längsseite nach innen biegen.

4 Aus Papier ein Rechteck schneiden, das um zwei Karos breiter und um ein Karo länger ist als die Drahtlaterne. Papier mit Tapetenkleister bestreichen und den Drahtrohling damit einwickeln. Die Überstände sollten oben und unten etwa gleich breit sein und die Nahtstellen von Draht und Papier möglichst aufeinander treffen. Den oberen Überstand nach innen, den unteren über die Drahtenden kleben.

5 Für den Boden der Laterne Papier grob zuschneiden und dessen Überstände erst nach dem Trocknen abschneiden. Boden durch einen 6 cm großen Kreis aus Wellpappe, der lose in die kleine Laterne hineingelegt wird, stabilisieren.

6 Zum Schluss aus dem Wickeldraht einen Henkel biegen. Diesen mit feinem Silberdraht umwickeln. Den Henkel unterhalb des obersten Drahtes durch das Papier stechen und die Laterne mit Silberdraht aufhängen.

Achtung! Lassen Sie Ihre Windlichter, vor allem solche aus Papier, nie unbeaufsichtigt brennen!

Tischlichter

→ stimmungsvoll

1 Den Tapetenkleister anrühren (Anleitung siehe links).

2 Aus dem Papier ein Rechteck ausschneiden, das groß genug ist, um ein Glas rundum damit einzuwickeln. Das trockene Papier um das Glas schlagen und Anfang und Ende senkrecht am Glas entlang falten, sodass ein Überstand von etwa einem Zentimeter entsteht. Das Papier entlang der Falze abschneiden.

3 Das Papier mit Kleister einstreichen und das Glas darin einwickeln. Den Überstand am unteren Rand auf etwa einen Zentimeter zurückschneiden und am Glasboden festkleben.

4 Den Überstand am oberen Rand vorsichtig mit einem Cutter abschneiden sobald das Papier gut trocken ist.

MATERIAL
- Trinkgläser ohne Wölbungen
- Naturpapier in verschiedenen Farben
- Teelichter
- Tapetenkleister
- Schraubglas
- Pinsel
- Schere
- Cutter

Farbenfrohes Utensilo

→ schön und praktisch

1 Die Dosen einseitig öffnen, die Deckel werden nicht weiter benötigt. Ca. 1 cm unterhalb der Öffnung in jede Dose ein Loch bohren (ø 3 mm). Dann die Außenseiten weiß, die Böden und die Innenseiten pink bemalen.

2 Nach dem Trocknen die Servietten passend zur Dosengröße zuschneiden. Nur die oberste, bedruckte Schicht der Serviette wird benötigt. Diese mit Serviettenkleber auf die Dose kleben und gut trocknen lassen.

3 Die Leisten zusägen: je viermal 45,5 cm und 31,5 cm lang. Anschließend die Enden auf 45° absägen (am besten eine Gehrungssäge verwenden). Die Leisten zu zwei gleich großen Rechtecken zusammenleimen und zum Trocknen mit Schraubzwingen fixieren.

4 Die Holzrahmen pinkfarben streichen und nach dem Trocknen mit viel Holzleim den Hasendraht zwischen die Rahmen leimen. Zum Trocknen wieder mit Schraubzwingen fixieren. Dann den Rahmen und die Dosen lackieren.

5 Zum Anbringen der Dosen den Aludraht in fünf 6 cm lange Stücke schneiden und jedes zu einem „S" biegen. Durch die Bohrungen in den Dosen ziehen und an die Gitterwand hängen.

MOTIVHÖHE
ca. 45 cm

MATERIAL
- geriffelte Dose, ø 8,5 cm, 11,5 cm hoch
- 2 geriffelte Dosen, ø 7,3 cm, 6 cm hoch
- 2 glatte Dosen, ø 5,5 cm, 4 cm hoch
- Holzleisten, 2 cm breit, 5 mm stark, 3,08 m lang
- Hasendraht in Silber, 31 cm x 44,5 cm
- Acrylfarbe in Weiß und Pink
- Servietten in Pink, bunt-gestreift und mit Blumen
- Serviettenkleber
- Aludraht, ø 3 mm, 30 cm lang
- Bohrer, ø 3 mm
- 4 Schraubzwingen
- wetterfester Klarlack

Flirtende Schweine

→ freche Kantenhocker

1 Alle Sperrholzteile aussägen und in der Blume eine Bohrung (ø 2 mm) anbringen. Alles gemäß der Abbildung bemalen.

2 Die Teile zusammenkleben, das Zwischenteil im 90°-Winkel an den Oberkörper leimen. Wenn alles gut getrocknet ist, die Beine ebenfalls im 90°-Winkel anleimen.

3 30 cm Basteldraht um einen dünnen Stift drehen, wieder abnehmen und in die Bohrung an der Blume kleben. Die Hosenträger des Schweinchens noch mit Knöpfen verzieren. Mit Klarlack lackieren.

Tipp: Um die Teile im 90°-Winkel aneinander zu leimen, stellen Sie sie als Stütze z. B. gegen eine gerade Wand. Beim Anleimen der Beine ist es hilfreich einen Gegenstand mit passender Höhe (z. B. Buch) unterzulegen.

MATERIAL

- Sperrholz, 6 mm stark, 40 cm x 50 cm
- Acrylfarbe in Weinrot, Hellblau, Rosa, Altrosa, Gelb, Weiß, Beige, Grau, Schwarz, Olivgrün, Dunkelblau und Ocker
- 2 Astknöpfe in Natur, ø 2 cm
- Draht in Schwarz, ø 1 mm
- wetterfester Klarlack
- Bohrer, ø 2 mm

BOGEN A, VORLAGE SCHWARZ

Sommerblumen

→ frisch und farbenfroh

MATERIAL
KISSEN
- Kisseninlet, 40 cm x 40 cm
- 2 Baumwollservietten, gestreift, ca. 45 cm x 45 cm
- Baumwollband in Natur, 1,5 cm breit, 3 m lang
- Stoffmalfarbe, deckend, in Weiß, Gelb und Grün

SERVIETTEN UND TISCH-DECKE
- 4 Baumwollservietten, gestreift, ca. 45 cm x 45 cm
- Tischdecke mit Fransen in Rot, in beliebiger Größe
- Stoffmalfarbe, deckend, in Weiß, Gelb und Grün

ZUM SCHABLONIEREN
- transparente Folie
- Filzstift, wasserfest
- schnittfeste Unterlage
- Cutter oder kleine Schere
- Stecknadeln
- Kreppband
- Fixierspray
- Metall-Lineal
- Palette
- Wachstuch oder Mülltüte

BOGEN A, VORLAGE ROT

Kissen

1 Drei Margeriten vom Vorlagenbogen auswählen, auf einer Serviette anordnen und schablonieren. Dazu das Motiv mit einem wasserfesten Filzstift vom Vorlagenbogen auf Folie durchzeichnen. Die durchgezeichnete Motivvorlage auf eine schnittfeste Unterlage legen und die einzelnen Felder des Motivs mit einem Cutter herausschneiden.

2 Auf der Arbeitsfläche ein Stück Wachstuch oder eine Mülltüte ausbreiten, den zu verzierenden Stoff glatt darauf legen und die Schablone darauf mit Stecknadeln fixieren.

3 Die Farbe mit einem Borstenpinsel vom Rand her zur Mitte des jeweiligen Schablonenfeldes auftupfen.

4 Die weißen Blütenblättern durch ein wenig Gelb zur Blütenmitte hin plastischer gestalten.

5 Die beiden Servietten an drei Seiten so aufeinander nähen, dass ein gleichmäßiger Rand stehen bleibt.

6 Das Baumwollband in sechs gleich lange Stücke teilen. Die Streifen an drei Stellen an der offenen Vorder- und Rückseite des Kissenbezuges auf der linken Stoffseite festnähen.

7 Die Kissenfüllung einschieben und die Bänder zu Schleifen binden.

Servietten und Tischdecke

1 Die Margeriten bunt verteilt auf die Servietten und die Tischdecke schablonieren, wie bei dem Kissen beschrieben.

2 Etwas gelbe Stoffmalfarbe zur Mitte der Blüte hin auf die weißen Blütenblätter tupfen.

Tipp: Es sieht besonders hübsch aus, wenn die Stängel der Blumen in verschiedene Richtungen zeigen und wie verstreut aussehen.

HERBST

Der Herbst ist die Zeit der satten, kräftigen Farben, die Zeit der Ernte und des Überflusses. Aber auch fallende Blätter, Nebel, Sturm und Regen gehören zu dieser Jahreszeit. Ihren Balkon und Ihre Terrasse können Sie gerade im Herbst besonders schön mit Naturmaterialien dekorieren.

Sisaltasche

→ stimmungsvoll beleuchtet

MOTIVHÖHE
ca. 31 cm

MATERIAL
- Sisaltasche in Grün, 24 cm breit, 31 cm hoch, 9,5 cm tief
- Trockensteckziegel, 11 cm x 23 cm x 7,5 cm
- Moos, Clematisranke, Phalaris
- grüne Außenlichterkette mit 20 Lämpchen in Klar
- 2 Ahornblätterzweige
- Schlehenzweig
- Sonnenblume, ø 13 cm
- Sonnenblumenranke mit 6 Blüten, ø 4 cm bis 7,5 cm
- Beeren-Pick in Grün-Rot
- 7 Lampionblumen
- Bast in Orange
- Sisalgras in Orange
- Myrthendraht in Grün, ø 0,35 mm
- Steckdraht, ø 0,8 mm, 40 cm lang
- Strohblumennadeln

1 Den Steckziegel in die Tasche legen, so dass er mit dem Taschenrand abschließt. Dann den Ziegel mit Moos abdecken. Das Moos mit Strohblumennadeln auf dem Steckziegel fixieren.

2 Die Lichterkette mit Steckdraht versehen, dabei jeweils drei und einmal zwei Lämpchen mit Draht zusammenfassen. Die sieben Lichtbündel gleichmäßig in der Tasche verteilt einstecken.

3 Drei Büschel Clematisranke und Sisalgras mit Steckdraht mittig andrahten. Aus dem Bast eine Schleife binden und ebenfalls mit Steckdraht versehen. Die Lampionblumen im Abstand von 20 cm an Myrthendraht befestigen.

4 Die Phalaris, Blumen, Beeren und Blätter gemäß Abbildung arrangieren. Die Bastschleife und zwei Sisalgrasbündel dazwischen arbeiten. Die Lampionblumenranke locker über die Tasche legen und nur den Anfang und das Ende des Myrthendrahtes an den Blüten- oder Blätterranken befestigen.

Wie kalt ist es?

→ nicht nur im Herbst praktisch

1 Den Pilz samt Mauskopf und die Bodenfläche aus dem dicken und die Pilzpunkte sowie die Mauspfoten aus dem dünnen Sperrholz aussägen.

2 Das Holz mit Antikblau grundieren, trocknen lassen und dann sämtliche Teile mit Krakelierlack bestreichen. Nach dem Trocknen alle Teile wie abgebildet bemalen und mit Klarlack lackieren.

3 Die Löcher für die Barthaare bohren, zwei Stückchen Draht u-förmig biegen, jedes von hinten durch beide Bohrlöcher auf jeder Seite stecken und die Drahtenden kreisförmig umbiegen.

4 Das Motiv zusammensetzen und das Thermometer mit etwas Klebstoff fixieren.

5 Den Pilz auf der Standfläche befestigen und das Dschungel-Moos ergänzen.

MOTIVHÖHE
ca. 31 cm

MATERIAL
- Sperrholz, 1 cm stark, 40 cm x 40 cm
- Sperrholzrest, 6 mm stark
- Acrylfarbe in Antikblau, Olivgrün, Weiß, Taubenblau, Hautfarbe und Karminrot
- Krakelierlack
- wetterfester Klarlack
- Dschungel-Moos in Grau
- Außenthermometer, ca. 16 cm lang
- Bindedraht, ø 0,65 mm
- Bohrer, ø 1,5 mm

BOGEN B, VORLAGE SCHWARZ

Dekostuhl

→ für Windlichter, Kränze und mehr

MOTIVHÖHE
ca. 1,10 m

MATERIAL
- 5 junge Eschestämmchen, ø 4 bis 5 mm, je ca. 2,50 m lang
- 46 Spaxschrauben, ca. 10 cm lang
- Bohrer, ø 2,5 mm (Nägel) oder 3 mm (Schrauben)
- evtl. Schnitzmesser

BOGEN B, VORLAGE SCHWARZ

1 Für den Zusammenbau des Stuhls am besten die Stuhlbeine und die waagrechten Verbindungshölzer zusammenschrauben. Die Hölzer für die Sitzfläche können auch mit gleich langen Nägeln befestigt werden. Für das Zurechtsägen der Stuhlteile eignen sich sowohl eine Tischkreissäge als auch eine kleine Bandsäge oder eine Dekupiersäge mit einem gröberen Sägeblatt. Bitte auch an der Skizze auf dem Vorlagenbogen orientieren.

2 Zuerst die beiden Hinterbeine (je 1,10 m lang) und dann die beiden Vorderbeine (je 0,50 m lang) sägen. Es folgen die mit einem Kreuz markierten waagrechten Verbindungshölzer (14 x 0,25 m lang). Die Hölzer für die Sitzfläche erst zurechtsägen, wenn der Stuhl zusammengeschraubt ist (um die genaue Länge nachzumessen). Die Ränder der zurechtgesägten Hölzer evtl. mit dem Schnitzmesser abschneiden.

3 Rückenteil des Stuhls: Zwischen die beiden Hinterbeine bündig mit dem Abschluss das oberste Verbindungsholz schrauben. Als nächstes das zweitunterste Verbindungsholz so anschrauben, dass sich dessen Oberseite genau 0,50 m von unten (Fußspitzen) befindet. Die restlichen sechs Verbindungshölzer jeweils im Abstand von ca. 5 cm einpassen und anschrauben.

4 Vorderteil des Stuhls: Zwischen die beiden Vorderbeine bündig mit dem Abschluss das oberste Verbindungsholz schrauben. Das zweite Verbindungsholz im Abstand von ca. 5 cm darunter anschrauben.

5 Nun das Rückenteil und das Vorderteil jeweils mit zwei waagrechten Verbindungshölzern verschrauben. Der Abstand zwischen den Verbindungshölzern beträgt auch hier ca. 5 cm.

6 Sitzfläche: Die Länge der Sitzhölzer (8 x ca. 0,35 m und 1 x ca. 0,25 m) am fertigen Stuhl ausmessen und dann zurechtsägen. Die Sägeränder evtl. mit dem Schnitzmesser abschneiden. Dann die Löcher bohren und die Hölzer aufnageln oder aufschrauben.

Tipp: Den dekorativen Stuhl können Sie je nach Jahreszeit nach Herzenslust dekorieren: Im Winter sehen viele Windlichter hübsch darauf aus, im Herbst ein leuchtender Kürbisfratz und im Frühjahr und Sommer können hübsche Kränze oder Pflanztöpfe darauf und darum herum dekoriert werden.

Kürbis

→ leuchtend schön

1 Die beiden Einzelblätter aus dem dünnen und den Kürbis aus dem dicken Sperrholz aussägen. Dabei zuerst den ganzen Kürbis samt der Ausschnitte aussägen und ihn dann erst in die drei Teile zersägen.

2 Alle Teile mit Antikblau grundieren. Nach dem Trocknen alles mit Krakelierlack einstreichen, diesen trocknen lassen und die Teile dann wie abgebildet bemalen und lackieren.

3 Nach dem Trocknen die benötigten Löcher bohren. Die Bohrungen für das Zusammendrahten der Kürbisteile erfolgen von vorne, die Bohrungen für die Einzelblätter und die Draht-Ranken von der Seite.

4 Für das Zusammendrahten der Kürbisteile jeweils von hinten ein u-förmig gebogenes Stück Draht durch die Bohrlöcher stecken, diesen vorne verzwirbeln und die Drahtenden dann über einen Bleistift wickeln und locken. Dabei die Seitenteile nicht zu fest andrahten, damit sie noch nach vorne gebogen werden können.

5 In die Bohrungen der Einzelblätter jeweils ein gelocktes Stück Draht stecken, ihn darauf fixieren und die Drahtenden in die seitlichen Bohrungen des Kürbisses kleben. In der Bohrung von einem Blatt noch ein zweites Stückchen gelockten Draht als Draht-Ranke fixieren. Auch die unteren Blätter mit Draht-Ranken, die in die jeweiligen seitlichen Bohrungen gesteckt und fixiert werden, verzieren.

6 Zum Schluss das Dreieckstuch um den Kürbisstiel binden.

MOTIVGRÖSSE
ca. 37 cm x 22 cm

MATERIAL
- Sperrholz, 1 cm stark, 42 cm x 30 cm
- Sperrholzrest, 8 mm stark
- Acrylfarbe in Antikblau, Olivgrün und Orange
- Krakelierlack
- wetterfester Klarlack
- Stoffdreieck, 44 cm x 30 cm x 30 cm
- Bindedraht, ø 0,65 mm
- Bohrer, ø 1,5 mm

BOGEN B, VORLAGE SCHWARZ

Herbstkranz

→ mit Früchten der Natur

MOTIVGRÖSSE
ø ca. 38 cm

MATERIAL
- Styroporrömer, ø 30 cm
- 6 frische Miniäpfel in Gelb-Rot, ø 4 cm
- 7 Lampionfrüchte
- 12 Bucheckern
- 4 Kastanien
- 3 Büschel Vogelbeeren in Rot
- 4 kleine Schneckenhäuser
- Baumschwamm, 8 cm breit, 10 cm lang
- 2 Büschel Skimmia
- Clematis- oder Rebenstrang, ca. 40 cm lang
- je 2 Tontöpfchen, ø 3,5 cm und ø 4 cm
- 4 Eicheln
- 3 Asthölzchen, ca. 5 cm lang
- 3 Kiefernzapfen, ø 4 cm
- diverse frische Laubblätter in Rot-Gelb-Grüntönen
- Plattenmoos in Natur
- Strohblumenklammern
- Heißklebepistole

1 Die gesammelten oder im Fachhandel erstandenen Materialien ggf. andrahten. Die Stiele der Büschel auf eine Länge von ca. 3 cm mit einer Rebenschere oder Bastelzange kürzen. Früchte oder Ästchen mit starken Stielen werden direkt in den Kranz gesteckt bzw. mit Klammern auf dem Kranz befestigt.

2 Die vorbereiteten Materialien nun in kleinen Gruppen der Abbildung entsprechend nacheinander auf den Kranz stecken. Dekoteile wie Tontöpfchen mit der Heißklebepistole direkt auf den Kranz kleben. Bei der Verarbeitung mit frischen Blättern den Kranz dicht bestecken, da beim Trocknen die Blätter schrumpfen und der Kranzrohling evtl. wieder sichtbar wird. Das Plattenmoos nicht als Unterlage, sondern wie die anderen Materialien zur Dekoration mit einarbeiten.

Tipp: Wünschen Sie einen dauerhaften Kranz, dann ersetzen Sie die frischen Materialien durch Seidenblätter und Dekofrüchte. Ein Windlichtglas mit Kerze in die Mitte gestellt verbreitet eine schöne Stimmung.

Fröhliche Wichtelparade

→ ein toller Hingucker

MOTIVHÖHE
22 cm bis 40 cm

MATERIAL PRO WICHTEL

- Holzpfahl, ø 6 cm, 15 cm oder 30 cm lang
- je 1 Tontopf, ø 6,5 cm und ø 3,5 cm oder ø 4,5 cm
- Jutegarnrest in Rot, Natur oder Grün, je 20 cm lang
- Messingglöckchen in Blau, Grün, Gelb oder Rot, ø 1,6 cm
- Fotokartonrest in Weiß
- 2 Halbperlen in Schwarz, ø 6 mm
- halbgebohrte Rohholzkugel, ø 2 cm
- Karostoff in Rot, Grün, Blau oder Gelbgrün, 2 cm breit, 2 cm lang (Flicken) und evtl. 2 cm breit, 25 cm lang (Halstuch)
- Zackenschere
- Grasfaser in Grasgrün, Oliv, Orange oder Rotbraun
- Wickeldraht, ø 0,5 mm, 30 cm lang
- wasservermalbare Buntstifte in Rot, Grün, Rotbraun und Weiß
- Montage-Kraftkleber

BOGEN B, VORLAGE SCHWARZ

1 Für die Haare Grasfaserbüschel (ca. 10 cm lang) rings um den Holzstamm (Pfahlspitze zeigt nach oben) kleben und nach Abbildung in Form schneiden.

2 Die Holzkugel mit angefeuchteten Buntstiften bemalen und die Farbe mit einem Schwämmchen leicht verwischen. Nach Vorlage die Augen aus weißem Fotokarton schneiden und die Halbperlen als Pupillen aufkleben. Augen und Nase aufkleben, den Mund nach Vorlage aufpausen und ausmalen. Die Bäckchen mit einem Schwämmchen mit weißer und roter Buntstiftfarbe aufwischen und mit einem rotbraunen Stift umranden.

3 Nach Abbildung die Tontöpfchen mit Heißkleber übereinander kleben und aufsetzen. Die Juteschnur mit Wickeldraht umwickeln und spiralförmig biegen. Ein Ende der Schnur in das Loch der Tontopfmütze einkleben, am anderen Schnurende ein Glöckchen einhängen. Die großen Wichtel bekommen ein Halstuch, alle Wichtel karierte Flicken mit Zackenrand auf ihre Mützen.

Sonnenblumen

→ herbstlich leuchtend

MOTIVHÖHE
1,23 m

MATERIAL
- Sperrholz, 1,2 cm stark, 52 cm x 52 cm
- Bastlerholz, 1,8 cm stark, 14 cm breit, 1,30 m lang
- 20 getrocknete Lampionblumen
- Acrylfarbe in Gelb, Hellbraun, Dunkelbraun und Dunkelgrün
- Beize in Eiche rustikal
- wetterfester Klarlack
- Weidenkranz in Dunkelbraun, ø 20 cm
- 6 Schraubhaken in Silber, 0,5 cm x 3 cm
- 3 Schrauben, 0,25 cm x 3 cm
- dünner Basteldraht in Grün
- Bohrer, ø 2 mm
- weiße Außenlichterkette mit 20 Birnchen in Klar
- Heißkleber
- kleiner Schwamm

BOGEN A, VORLAGE ROT

1 Die zwei Sonnenblumen und das Blatt aus Sperrholz aussägen und die Kanten schleifen. Vom Bastlerholz 30 cm als Standfläche absägen. Beide Teile aus Bastlerholz eichefarben beizen und trocknen lassen.

2 Die Sonnenblumen gemäß Abbildung bemalen. In die Mitte mit einem kleinen Schwamm dunkelbraune Punkte auftupfen. Die Konturen der Blütenblätter mit hellbrauner, verdünnter Farbe aufmalen, solange die gelbe Farbe noch nass ist und mit einem Papiertuch verwischen. Gut trocknen lassen.

3 Die Sonnenblumen und das Blatt gemäß Abbildung auf das Brett leimen. Drei Schrauben nebeneinander mittig zur Hälfte in die Standfläche schrauben. Auf die Unterseite des langen Brettes etwas Holzleim geben und die Schrauben von der Unterseite der Standfläche eindrehen. Alles lackieren und trocknen lassen.

4 Die Schraubhaken mithilfe einer Zange aufbiegen und verteilt auf der Vorder- und Rückseite des Standbrettes anbringen, sodass die Lichterkette eingehängt werden kann. Die Lampionblumen an der Stielseite mit einem Cutter einritzen, die Birnchen der Lichterkette hineinschieben und mit etwas Heißkleber befestigen. Anschließend die Lampionblumen mit den Lichtern um Vorder- und Rückseite des Brettes schlingen und die Lichterketten in die Schraubhaken einhängen. Den Weidenkranz aufwickeln und ebenfalls um das Brett schlingen. Mit Basteldraht an einigen Stellen am Kabel befestigen.

Hexe

→ lieb und hilfsbereit

MOTIVGRÖSSE
ca. 40 cm x 48 cm

MATERIAL
- Sperrholz, 1 cm stark, 60 cm x 55 cm
- Sperrholzrest, 6 mm stark
- Acrylfarbe in Olivgrün, Mittelbraun, Mittelgelb, Orange, Taubenblau, Ultramarinblau, Schwarz, Scharlachrot, Karminrot, Weiß, Altrosa und Hautfarbe
- wetterfester Klarlack
- Stoffdreieck, 20 cm x 12 cm x 12 cm
- Stoffrest, 2,5 cm x 3 cm
- Metalllaterne, 6 cm x 11,5 cm x 6 cm
- Bindedraht, ø 0,35 mm, 0,65 mm, 1,4 mm
- Bohrer, ø 1,5 mm
- wasserfester Filzstift in Weiß

BOGEN B, VORLAGE SCHWARZ

1 Die Tasche mit der Maus und den Stern für den Hut aus dem dünnen und den Rest aus dem dicken Sperrholz aussägen.

2 Alles wie abgebildet anmalen. Für die Nase etwas Scharlachrot in die noch feuchte Gesichtsfarbe geben. Mit Klarlack lackieren.

3 Die Bohrungen ausführen und die Hexe zusammensetzen.

4 Vor dem Fixieren der Tasche die Barthaare der Maus anbringen. Dazu von hinten pro Seite ein u-förmig gebogenes Stück Bindedraht (ø 0,65 mm) durch die Bohrlöcher stecken und die Drahtenden kreisförmig umbiegen. Den dicken Draht zu einem Laternenstock biegen, ihn in die Handbohrung stecken, dort fixieren und den Stoffflicken ergänzen. Das Stoffdreieck in der Mitte mit dünnem Bindedraht zusammendrahten und ankleben.

5 Die Standfläche mit den drei Sternen bekleben und darauf die Hexe fixieren.

6 Die Laterne an den Laternenstock hängen. Ein kleines Teelicht lässt die Laterne erstrahlen. Für den Laternenstock wirklich dicken Draht verwenden, denn die Laterne und das Teelicht haben doch etwas Gewicht.

Achtung! Lassen Sie das Teelicht niemals unbeaufsichtigt brennen!

Fledermäuse

→ lustige Flattermänner

MOTIVGRÖSSE
ca. 16 cm x 9 cm

MATERIAL FÜR DREI FLEDERMÄUSE
- Sperrholz, 1 cm stark, 20 cm x 35 cm
- Acrylfarbe in Schwarz und Mittelgelb
- wetterfester Klarlack
- Bindedraht, ø 1,4 mm
- Bohrer, ø 1,5 mm
- wasserfester Filzstift in Weiß

BOGEN B, VORLAGE SCHWARZ

1 Alle Teile aussägen und wie abgebildet bemalen, dann lackieren.

2 Die Löcher bohren und ein ca. 24 cm langes Stück Draht in die gewünschte Form biegen.

3 Den Draht in die Bohrung der Fledermaus stecken, ihn dort fixieren und am anderen Drahtende den Stern ergänzen.

Leuchtende Kürbisfratzen

→ schaurig schön

MATERIAL
GRÜNER KÜRBIS
- Kalebasse in Grün, ca. ø 17 cm, 32 cm hoch
- geglühter Wickeldraht, ø 0,5 mm, 60 cm lang
- 3 Lampionfrüchte
- Acrylfarbe in Orange (Zähne)

KÜRBIS-WINDLICHT
- Kürbis in Orange, ca. ø 20 cm, 35 cm hoch

KÜRBIS MIT BRILLE
- Kürbis in Orange, ca. ø 26 cm, 30 cm hoch
- Minizierkürbis in Grün, ø 9 cm, 9 cm hoch
- Minizierkürbis in Gelb-Grün, ø 5 cm
- Aludraht, ø 2 mm, ca. 65 cm lang

KÜRBIS-FRANZOSE
- Butternutkürbis in Gelb, ca. ø 12 cm, 20 cm hoch
- Minizierkürbis, ø 8 cm (für Kappe auf 6 cm kürzen)
- Minizierkürbis oder Zucchini, ø 2,5 cm (für Nase auf 8 cm kürzen)

BOGEN B, VORLAGE SCHWARZ

Den ausgewählten Kürbis mit Wasser und Spülmittel säubern und trocken polieren. Die Vorlagen übertragen (siehe Seite 5). Zum weiteren Vorgehen auch an der Anleitung auf Seite 5 orientieren.

Grüner Kürbis

1 Den Boden abschneiden und die Kalebasse von unten aushöhlen. Die Augenhöhlen heraussägen, beim Mund bleiben die Zähnchen stehen. Mit einem kleinen Linolschnittmesser die Zähnchen vorritzen und die Schale vorsichtig ablösen.

2 Mit Acrylfarbe in Orange bemalen.

3 Den Stiel mit Wickeldraht umwickeln und zwei Lampionfrüchte an der Spitze und am Hals mit einbinden.

Kürbiswindlicht

1 Beim länglichen Kürbis die Öffnung für die Kerze auf der Rückseite anbringen.

2 Mit einem Hohlmesser ringsum Haare (ca. 1 cm bis 5 cm lang) einritzen.

Kürbisfranzose

1 Den Butternutkürbis auf der Rückseite aushöhlen. Den Kopfdeckel eines grünen Zierkürbisses passend zuschneiden, aushöhlen und als Kappe aufsetzen.

2 Die zurechtgeschnittene Zucchininase mit einem Schaschlikstäbchen aufstecken.

Kürbis mit Brille

1 Als Hut den Boden eines Zierkürbisses mit einem Schaschlikstäbchen aufsetzen.

2 Für die Ohren den kleineren Kürbis halbieren, aushöhlen und mit kurzen Zahnstochern am Kopf feststecken.

3 Die Brille nach Vorlage biegen und anpassen. Nach Wunsch Sommersprossen einschnitzen.

4 Soll der Kürbis leuchten, kann er nachträglich von hinten ausgehöhlt werden.

Tipp: Halten Sie die Kürbisse vor dem Schnitzen möglichst kühl. Die Kürbisfratze innen mit Klarlack einsprühen und nicht direktem Regen aussetzen.

WINTER

Trotz Eis und Schnee können Sie Ihren Balkon und Ihre Terrasse stimmungsvoll dekorieren. Zur Weihnachtszeit oder auch den ganzen Winter über sind selbst gemachte Dekorationen ein Farbtupfer und hübscher Blickfang, an dem Sie sich die dunkle Jahreszeit über erfreuen können.

Hängekorb

→ mit Lichterkette

MATERIAL

- Weidenkorb zum Hängen, ø 40 cm, 20 cm hoch
- 2 Nasssteckziegel
- grüne Außenlichterkette mit 20 Birnchen in Klar
- Serviette mit Weihnachtsmann-Motiv
- Messingfolie, 0,15 mm stark, 20 cm x 30 cm
- Acrylfarbe in Weiß
- Seidenkiefer, Konifere, Efeu, Skimmia mit Blättern
- Luftwurzeln bzw. Clematisranke
- Myrtendraht in Grün
- Steckdraht

1 Die Serviette ausschneiden und die Metallfolie in Weiß grundieren. Das Serviettenmotiv anbringen.

2 Das fertige Motiv ausschneiden, den Weihnachtsmann plastisch in Form biegen und mit Heißkleber auf der Rückseite einen Steckdraht befestigen.

3 Den Korb mit Nasssteckziegeln befüllen und diese wässern.

4 Jeweils zwei der 20 Lämpchen der Lichterkette an einen Steckdraht drahten und alle Lämpchen kreisrund in der Korbmitte fixieren. Die Zwischenräume mit den Luftwurzeln füllen. Die Seidenkiefer, die Koniferen, das Efeu und die Skimmia darum herum stecken. Einige Kiefernabschnitte mit Myrtendraht stufig zusammenbinden und als Ranke mit etwas Efeu am Korb herunterhängen lassen.

5 Zum Schluss den Weihnachtsmann in das fertige Arrangement stecken.

Leuchtende Sterne

→ Hingucker am Gartenzaun

1 Die Sterne aussägen, Bohrungen anbringen und schleifen.

2 Die Sterne bemalen, die silbernen Linien mit wasserfestem Filzstift aufmalen. Hinweis: Auf dem Vorlagenbogen finden Sie nur einen Stern, den Sie gemäß der Abbildung nach Wunsch variieren können. Anschließend mit Klarlack lackieren und trocknen lassen.

3 Die Birnen von der Rückseite in die Bohrungen stecken. Als Aufhängung pro Stern ca. 50 cm Draht zusammen mit einem Birnchen durch eine obere Bohrung ziehen und zur Schlaufe legen.

Tipp: **Je nachdem, in welchem Abstand Sie die Sterne aufhängen möchten, lassen Sie die Lichterkette zwischen den Motiven weiterlaufen.**

MOTIVHÖHE
ca. 38 cm

MATERIAL

- Pappelsperrholz, 1,2 cm stark, 70 cm x 80 cm
- Acrylfarbe in Arktis und Weiß
- wasserfester Filzstift in Silber
- weiße Außenlichterkette mit 180 Birnchen in Klar
- Bohrer, ø je nach Größe der Birnen, hier 7 mm
- Draht in Schwarz, ø 1 mm
- wetterfester Klarlack

BOGEN B, VORLAGE ROT

Ich füttere die Meisen

→ hilfsbereiter Schneemann

MOTIVGRÖSSE
ohne Drahtaufhängung
ca. 8,5 cm x 13,5 cm

MATERIAL
- Sperrholzrest, 6 mm stark
- Sperrholzrest, 10 mm stark
- Acrylfarbe in Schilf, Antikblau, Scharlachrot, Orange und Weiß
- Sprühlack
- Bindedraht, ø 1,4 mm
- Paketschnur, ø 1,7 mm
- Meisenknödel
- Bohrer, ø 3 mm
- wetterfester Klarlack

BOGEN B, VORLAGE SCHWARZ

1 Den Schneemann aus dem dicken und den Mützenrand und die Nase aus dem dünnen Sperrholz aussägen. Nach dem Bemalen und Trocknen alle Innenlinien malen, den Schneemann zusammensetzen und die Löcher bohren.

2 Nun den gebogenen Draht befestigen und die Paketschnur zum Aufhängen durch die beiden Bohrungen im Hut fädeln. Mit wetterfestem Lack schützen. Nach dem Trocknen den Meisenknödel anbringen.

Schneemann-Gartenkugel

→ toll als Geschenk

1 Die Plastikkugel mit Heißkleber auf den Holzstab kleben.

2 Das Serviettenmotiv für die Kugel ausreißen. Die beiden Schneemänner, die als Anhänger auf die Metallfolie geklebt werden, ausschneiden. Die vorbereitete Serviette auf der Kugel anbringen.

3 Den Rest der Kugel mit den Acrylfarben gestalten, indem die Farben mit einem Schwamm nass ineinander getupft werden. Die so entstandenen Mischeffekte können nach eigenen Vorstellungen ausgearbeitet werden.

4 Nach dem Trocknen der Acrylfarben auf die untere Kugelhälfte den Strukturschnee auftragen. Auf die obere Kugelhälfte etwas Glitzerfarbe malen. Den Holzstab wie die Kugel anmalen.

5 Die Metallfolie in Weiß grundieren und die Schneemänner darauf befestigen. Die Motive ausschneiden, lochen und die Schneemänner plastisch ausformen. An jedem Ende des Drahtstücks einen Schneemann befestigen und den Draht spiralförmig so um den Stab wickeln, dass die Motive stufig daran herunterhängen.

6 Abschließend die Schleife und die Kiefernzweige mit Heißkleber fixieren.

MOTIVHÖHE
ca. 80 cm

MATERIAL
- Kunststoffkugel in Weiß, ø 12 cm
- Messingfolie, 0,15 mm stark, 30 cm x 20 cm
- Acrylfarbe in Weiß, Grau und Grün
- Serviette mit Schneemann-Motiv
- Strukturschnee in Weiß
- Glimmerfarbe in Weiß, irisierend
- Karoband in Weiß, 4 cm breit, 1 m lang
- Holzstab, ø 8 mm, ca. 75 cm lang
- Draht, geglüht, ø 0,65 mm, 1 m lang
- Kiefernzweige
- Serviettenkleber
- Heißkleber

Weihnachtsgans

→ macht kurz eine Pause

MOTIVHÖHE
ca. 45 cm

MATERIAL
- Tontöpfe, ø 5 cm und ø 8 cm (Hals)
- Rosentopf, ø 16 cm
- 2 Halbtöpfchen, 3,5 cm breit
- Acrylfarbe in Weiß und Orange
- Styropor-Ei, 8 cm hoch (Kopf)
- lufttrocknende Modelliermasse in Weiß
- 2 Halbperlen in Schwarz, ø 8 mm
- Sisalfigurendraht, ø 1 cm, 2 x 18 cm lang
- Strickschlauch in Rot, 4 cm breit, 60 cm lang (Schal)
- Strickschlauch in Rot, 3 cm breit, 2 x 10 cm lang (Strümpfe)
- Strickschlauch in Rot-Gold, 6 cm, 20 cm lang (Mütze)
- Moosgummirest in Orange, 3 mm stark
- Moosgummi in Weiß, 3 mm stark, 30 cm x 40 cm
- Filzsternenkette in Weiß, 50 cm lang
- Filzrest in Orange
- Watte
- Montagekleber

**BOGEN B,
VORLAGE SCHWARZ**

1 Die Tontöpfe nach Abbildung zusammenkleben (die Halbtöpfe noch nicht aufkleben).

2 Für den Kopf vom Styropor-Ei ein Drittel abschneiden und den Schnabel (Modelliermassekegel, ø 4,5 cm, 7,5 cm lang) mit der flachen Seite aufsetzen. Die Modelliermasse dabei etwas über das Ei drücken. Die restliche Eifläche dünn mit Modelliermasse ummanteln und die Halbperlen als Augen eindrücken.

3 Den Schnabel vorsichtig mit feuchten Fingern formen, die Trennlinie und die Schnabellöcher mit einem Messer ausarbeiten. Quer in den Schnabel mit einer Stecknadel ein Loch bohren. Nach dem Trocknen (siehe Herstellerangaben) den Kopf mit Montagekleber auf den Körper kleben (Übergänge ggf. mit Klebstoff ausfüllen) und ca. zwei Stunden trocknen lassen. Dann alles zweimal weiß grundieren und den Schnabel und die Halbtöpfe orange bemalen.

4 Flügel und Füße aus Moosgummi zuschneiden. Die Flügel mit Alleskleber und die Halbtöpfchen mit Montagekleber anbringen, trocknen lassen, den Figurendraht biegen und in die Töpfe einkleben. Die Strickschlauchstrümpfe überstreifen und je zwei zusammengeklebte Füße ankleben.

5 Für die Mütze den Strickschlauch auf einer Seite abbinden und einen Wattepompon ankleben. Die Mütze aufkleben und den Rand mit Watte umkleben. Den Schal umbinden und die Enden fransig einschneiden.

6 Der Gans die Sternenschnur in das Schnabelloch kleben und die restlichen Sterne auf der Mütze und dem Schal verteilt ankleben. Einige weiße Sterne können zuvor mit orangefarbenem Filz beklebt werden.

Hinweis: Die Gans sollte überdacht sitzen.

Blumentöpfe

→ in natürlichem Gewand

MOTIVHÖHE
Rindentopf ca. 21 cm
Moostopf ca. 18 cm

MATERIAL HASELNUSSREISER-TOPF
- Terrakottatopf, ø 14 cm, 11 cm hoch
- Haselnusszweige
- Moos, Ilexblätter, Zapfen
- Styroporkegel, ø 9 cm, 21 cm hoch
- Trockensteckziegel, 11 cm x 23 cm x 7,5 cm
- Steckdraht, ø 0,8 mm, 40 cm lang
- Strohblumennadeln
- Myrthendraht in Grün, ø 0,35 mm

RINDENTOPF MIT APFEL
- Terrakottatopf, ø 12 cm, 10 cm hoch
- Trockensteckziegel, 10 cm x 23 cm x 7,5 cm
- Baumrinde, Clematisranke, Moos, Ilexblätter
- je 5 Baumpilze, Haselnussreiser und kleine Dekoäpfel
- großer Tannenzapfen
- Steckdraht, ø 0,8 mm, 40 cm lang
- Strohblumennadeln

MOOSTOPF MIT ZAPFEN
- Terrakottatopf, ø 12 cm, 10 cm hoch
- Trockensteckkugel, ø 15 cm
- Moos, Zapfen
- Beerenpick in Weiß geeist
- Bast in Natur
- Myrthendraht, ø 0,35 mm

Haselnussreiser-Topf

1 Die Haselnusszweige in 12 cm lange Reiser schneiden und auf den Topf kleben. Da der Topf unten schmaler wird, die entstehenden Löcher mit kürzeren Zweigstücken füllen.

2 Den Steckziegel bündig zum Gefäßrand zuschneiden und in den Topf füllen. Die Steckmasse mit Moos belegen und dieses mit Krampen befestigen.

3 Den Styroporkegel mit Moos bedecken und mit Myrthendraht umwickeln. Die Ilexblätter an der Spitze beginnend schuppenartig um den Kegel arrangieren. Jedes Blatt mit einer Strohblumennadel fixieren. Den Blätterkegel mit fünf Steckdrähten in die Topfmitte stecken.

4 Den Steckdraht am unteren Rand um den Zapfen legen. Den Draht zusammendrehen, so dass der Zapfen fest in der Schlaufe sitzt. Die Zapfen mit dem Drahtstiel gleichmäßig in der Kugel feststecken.

Tipp: Sie können auf das Andrahten der Zapfen verzichten, wenn Sie die Zapfen mit Heißkleber direkt auf das Moos kleben.

Rindentopf

1 Die Rinde in 4 cm breite Streifen schneiden und auf den Topf kleben. Den Steckziegel bündig zum Gefäßrand zuschneiden und in den Topf füllen.

2 Die Steckmasse mit Moos belegen und das Moos mit Krampen befestigen. Die Clematisranke zu einem Kranz formen und mit Strohblumennadeln in der Steckmasse fixieren.

3 Den Zapfen mit Steckdraht versehen und in der Gefäßmitte platzieren (siehe Schritt 4 Haselnussreiser-Topf). Die restlichen Naturmaterialien gleichmäßig um den Zapfen herum anordnen und mit Heißkleber fixieren.

Moostopf

1 Den Topf und die Trockensteckkugel mit Moos belegen und mit Myrthendraht umwickeln.

2 Die Steckkugel in den Topf legen. Die herausstehende Wölbung mit Zapfen bekleben. Das Beerenpick auseinander nehmen und die Beeren in die Zwischenräume der Zapfen kleben.

3 Einen Baststrang um den Moostopf legen, mit Heißkleber fixieren und ein Bastbündel aufkleben.

Tipp: Das Arrangement sieht mit rotem Beerenpick weihnachtlich-festlich aus.

Dekorative Schneeschippe

→ nur zum Anschauen

1 Vor dem Bemalen Stiel und Klammer entfernen. Dann die Schippe graublau grundieren. Das Motiv mit Kohlepapier übertragen und aufmalen. Das Gesicht mit wasserfesten Filzstiften malen, die Wangen mit Buntstiftspänen röten. Nach dem Trocknen mit Klarlack überziehen. Ist dieser trocken, den Stiel mit der Klammer wieder befestigen.

2 Das Band zur einer Schleife legen, mit etwas Draht fixieren und um den Stiel der Schaufel binden. Den Tannenzweig hinter der Schleife mit Draht anbringen.

Tipp: Statt einer Schippe aus Metall können Sie auch eine Holzschippe verwenden.

MOTIVHÖHE
ca. 1,32 m

MATERIAL
- Schneeschippe aus Metall, 44 cm x 34 cm, 1,32 m hoch
- Kohlepapier
- Acrylfarbe in Graublau, Weiß, Rot, Gelb, Hautfarbe, Schwarz, Braun, Beige und Grün
- Band in Rot-Grün kariert, 4 cm breit, 2 m lang
- Tannenzweig
- Draht in Schwarz, ø 1 mm
- wetterfester Klarlack

BOGEN B, VORLAGE ROT

Leuchtender Elch

→ wünscht ein frohes Fest

MOTIVHÖHE
ca. 1,15 m

MATERIAL

- Pappelsperrholz, 8 mm stark, 80 cm x 55 cm
- Bastlerholz, 2 cm stark, 12 cm breit, 1 m lang
- Acrylfarbe in Grau, Ocker, Schwarz, Rot, Grün, Beige und Arktisblau
- Stoff in Blau-Weiß kariert, 60 cm x 18 cm
- Zackenschere
- Senkkopfschraube, 3 mm x 2 cm
- 3 Senkkopfschrauben, 3,5 mm x 4 cm
- weiße Außenlichterkette mit 40 Birnchen in Klar
- Bohrer, ø je nach Birnchengröße, hier 7 mm
- wetterfester Klarlack

BOGEN B, VORLAGE ROT

1 Vom Bastlerholz 32 cm als Standfläche absägen, beide Teile arktisblau bemalen und mit Klarlack lackieren. Die Standfläche von unten mittig senkrecht an den Körper leimen und verschrauben (zwei Schrauben, 3,5 mm x 4 cm).

2 Den Kopf, die Hufe und das Schild aussägen, die Bohrungen (ø 7 mm) anbringen, dann schleifen und bemalen. Den Kopf in Ocker und Beige gemäß der Abbildung etwas schattieren. Die Beschriftung, das Gesicht und alle feinen Linien mit wasserfesten Filzstiften aufbringen, die Wangen mit Buntstiftspänen röten. Nach dem Trocknen Klarlack auftragen und die Hufe auf das Schild leimen.

3 Den Kopf mit der größeren Schraube am Körper befestigen, anschließend das Schild mit der kleineren Senkkopfschraube. Evtl. die Schrauben etwas übermalen. Das Halstuch mit einer Zackenschere zuschneiden und umbinden. Dann die Birnchen von hinten vorsichtig in die Bohrlöcher stecken.

Laternenzeit

→ leuchtende Weihnachtszeit

Metall-Laterne mit Sternen

1 Den Stern vom Vorlagenbogen auf die Haftfolie übertragen und sieben Sterne ausschneiden. Diese gleichmäßig auf die Glasscheiben kleben.

2 Die Satinierfarbe gleichmäßig auf das Glas tupfen und die Farbe trocknen lassen.

3 Abschließend die Haftfolie wieder abziehen und die Kerze in die Laterne stellen.

Holz-Laterne mit Tannenbaum

1 Den Tannenbaum vom Vorlagenbogen auf die Haftfolie übertragen und ihn viermal ausschneiden.

2 Die Motive gleichmäßig auf die Glasscheiben kleben und die Satinierfarbe mit einem Schwämmchen auf das Glas tupfen. Die Farbe trocknen lassen und die Haftfolie nach dem Trocknen abziehen.

3 Die Kerze in die Laterne stellen.

MATERIAL METALL-LATERNE MIT STERNEN

- Metall-Laterne, 13 cm x 13 cm x 25 cm
- Satinierfarbe in Gold
- Haftfolie, selbstklebend
- Stumpenkerze in Weiß, ø 5 cm, 6 cm hoch
- Malschwämmchen

HOLZ-LATERNE MIT TANNENBAUM

- Holz-Laterne in Grün, 13 cm x 13 cm x 26 cm
- Satinierfarbe in Weiß
- Haftfolie, selbstklebend
- Stumpenkerze in Weiß, ø 5 cm, 10 cm hoch
- Malschwämmchen

BOGEN B, VORLAGE SCHWARZ

Witzige Messlatte

→ originell und praktisch

1 Alle Sperrholz-Teile aussägen, die Bohrungen (ø 2 mm) anbringen und schleifen. Die Gesichter mit wasserfesten Filzstiften, die Wangen mit Buntstiftspänen gemäß Vorlage und Abbildung bemalen. Nach dem Trocknen mit Klarlack lackieren und zusammenleimen.

2 Das Kantholz unten spitz zusägen und mit wetterfester, weißer Farbe bemalen. Die Skala mit einem wasserfesten, schwarzen Filzstift (ca. 25 cm von der unteren Spitze beginnend) anbringen.

3 Den Schneemann an das Kantholz schrauben. Ein 13 cm, ein 10 cm und ein 7 cm langes Stück Draht zum Formen der Spiralen um einen Schaschlikstäbchen wickeln und wieder abziehen. Die Drahtenden durch die gebohrten Löcher an den Sternen und an der Hand ziehen, dann umbiegen.

4 Mit weißer Plusterfarbe die Sterne beschriften und den Schneemann verzieren. Bast durch die Bohrung am Besen ziehen, um den Besen wickeln und die Enden verknoten.

MOTIVHÖHE
ca. 1 m

MATERIAL
- Pappelsperrholz, 6 mm stark, 50 cm x 50 cm
- Kantholz, 2,5 cm stark, 7,5 cm breit, 90 cm lang
- Acrylfarbe in Grün, Weiß, Orange, Graublau, Gelb, Braun, Ocker und Schwarz
- wetterfeste Farbe in Weiß
- wetterfester Klarlack
- Bast in Natur
- Plusterfarbe in Weiß
- Basteldraht in Schwarz, ø 1 mm
- 2 Senkkopfschrauben, 3 mm x 2 cm
- Bohrer, ø 2 mm
- Schaschlikstäbchen

BOGEN A, VORLAGE ROT

Weihnachtswichtel

→ liebenswertes Mädchen

1 Die Tonteile und Wattekugeln laut Abbildung bemalen. Den Mützenrand nach dem Trocknen elfenbeinfarben grundieren.

2 Das Gesicht gestalten (siehe Anleitung für Dosen auf Seite 6), die Nase aufkleben und den Kopf auf den Körper kleben.

3 Nach dem Trocknen die Jutefäden als Haare auf den Kopf kleben und trocknen lassen. Die einzelnen Juteschnüre aufzupfen und zwei Zöpfchen mit schmalen Filzstreifen abbinden.

4 Die Tontöpfe für die Mütze aufkleben. Ein Stückchen Jutegarn mit einem Draht abbinden, etwas kringeln und in das Topfloch der Mützenspitze kleben. Am Drahtende einen Filzstern ankleben und einen zweiten auf der Mütze platzieren.

5 Die restlichen Filzsterne mittig durchschneiden, als Kragen um den Hals kleben und eine Jutegarnschleife aufsetzen.

MOTIVHÖHE
ca. 40 cm

MATERIAL
- Tontöpfe, ø 3 cm, ø 4 cm und ø 5 cm
- Rosentopf, ø 7 cm und 10 cm
- Terrakottakugel, 5,5 cm breit, 4,5 cm hoch
- Wattekugel, ø 1,5 cm
- Acrylfarbe in Bordeaux, Elfenbein, Schwarz und Grün
- Jutegarn in Natur, ø 2,5 mm, 10 cm lang (Mütze)
- Wickeldraht in Blau, ø 0,5 mm, 15 cm lang
- Jutegarnfäden in Natur, ø 2,5 mm, 25 x 15 cm und 1 x 35 cm lang
- Filz in Weinrot, 5 mm breit, 2 x 10 cm lang
- 4 Filzsterne in Weiß, ø ca. 5 cm

BOGEN B, VORLAGE SCHWARZ

IMPRESSUM

MODELLE: Monika Gänsler (S. 15, 16/17, 41, 44, 49, 54), Gisela Heim (S. 22, 23, 26, 27, 33), Sigrid Heinzmann (S. 45, 46, 51, 57, 64), Barbara Huber (S. 32), Susanne M. Jakubeit (S. 39), Gudrun Kaenders (S. 8, 9, 19, 20, 21, 34/35, 40, 52, 55, 59, 62), Sabine Kapeller (S. 28, 30, 31), Gudrun Schmitt (S. 11, 12, 18, 25, 36, 37, 47, 53, 60, 61, 63), Martina Schröder/Marion Vogel (S. 29), Armin Täubner (S. 43)

FOTOS: frechverlag GmbH, 70499 Stuttgart; Fotostudio Ullrich & Co., Renningen

DRUCK: frechdruck GmbH, 70499 Stuttgart

Auflage: 5. 4. 3. 2. 1.
Jahr: 2010 2009 2008 2007 2006 [Letzte Zahlen maßgebend]

ISBN 13: 978-3-7724-5140-9
ISBN 10: 3-7724-5140-3
Best.-Nr. 5140